Une vie sur notre planète

David avec Jonnie Hughes pendant le tournage
d'*Une vie sur notre planète*

DAVID ATTENBOROUGH

Avec Jonnie Hughes

Une vie sur notre planète

Traduit de l'anglais
par Philippe Giraudon

J'AI LU

En remerciant le WWF de son travail scientifique et de sauvegarde
qui a documenté cet ouvrage ainsi que le film associé.

TITRE ORIGINAL
A Life on Our Planet – My Witness Statement and A Vision for the Future

ÉDITEUR ORIGINAL
Witness Books, Penguin Random House UK

INTRODUCTION

Notre plus grande erreur

Prypiat, en Ukraine, est un endroit qui ne ressemble à aucun autre que j'aie connu. Il y règne un désespoir sans bornes.

À première vue, il s'agit d'une ville fort agréable, avec des avenues, des hôtels, une place, un hôpital, des parcs agrémentés de manèges, une poste centrale, une gare. Elle possède plusieurs écoles et piscines, des cafés et des bars, un restaurant au bord de la rivière, divers magasins, supermarchés et salons de coiffure, un théâtre et un cinéma, un dancing, des gymnases et un stade de football permettant aussi de pratiquer l'athlétisme. On y trouve toutes les commodités que nous autres humains avons inventées pour nous procurer une existence confortable et satisfaite, tous les éléments de notre habitat « fait maison ».

Le centre culturel et commercial de la ville est entouré d'immeubles d'habitation. On compte cent soixante tours réparties avec précision au sein d'un réseau bien conçu de voies urbaines. Chaque appartement est doté d'un balcon, chaque tour dispose d'une blanchisserie. Les immeubles les plus hauts ont vingt étages. Tous sont surmontés d'une faucille et d'un marteau géants en métal, emblème des fondateurs de cette cité.

Prypiat est une création de l'Union soviétique, bâtie au cours de la fièvre de construction des années 1970. Censée offrir un cadre de vie idéal à une cinquantaine de milliers de personnes, elle constituait une utopie moderniste destinée à l'élite des techniciens et des scientifiques du bloc de l'Est, ainsi qu'à leurs jeunes familles. Sur un film amateur du début des années 1980, on les voit se mêler à la foule souriante, pousser des landaus sur les larges avenues, prendre des cours de danse, nager dans la piscine olympique et canoter sur la rivière.

Cependant, plus personne ne vit à Prypiat aujourd'hui. Les murs s'écroulent. Les fenêtres sont cassées et leurs linteaux s'effondrent. En explorant les édifices sombres et déserts de la ville, je dois avancer avec précaution. Des fauteuils renversés gisent dans les salons de coiffure, entourés de bigoudis poussiéreux et de miroirs brisés. Des tubes fluorescents pendent au plafond du supermarché. Le parquet déchiqueté de l'hôtel de ville jonche de ses débris un majestueux escalier de marbre. Dans les salles de classe, des cahiers sont éparpillés par terre, leurs pages couvertes d'écriture cyrillique impeccable à l'encre bleue. Je constate que toutes les pièces d'eau sont à sec. Les canapés des appartements sont défoncés, les lits rongés par l'humidité. Tout ou presque est immobile – en suspens. Je sursaute dès qu'une rafale de vent fait bouger un objet.

À chaque nouveau seuil qu'on franchit, l'absence des habitants se fait plus inquiétante. Elle s'impose comme la vérité la plus présente. J'ai visité d'autres villes post-humaines – Pompéi, Angkor Vat et Machu Picchu –, mais dans cette cité la normalité des lieux rend d'autant plus frappante le caractère anormal de son abandon. Ses édifices et ses équipements sont si familiers qu'on sait que le passage du temps ne suffit pas à expliquer leur état de déréliction. Si Prypiat est à ce point imprégnée de désespoir, c'est que, des écriteaux que plus personne ne regarde aux règles à calcul oubliées dans la classe de sciences, en passant par le piano fracassé du café, tout ici atteste la capacité qu'a l'humanité de perdre ce dont elle a besoin et qui lui est précieux. Seuls des habitants de la terre, nous sommes assez puissants pour créer des mondes puis les détruire.

Le 26 avril 1986, le réacteur n° 4 de la centrale nucléaire Vladimir Ilitch Lénine, universellement connue aujourd'hui sous le nom de « Tchernobyl », explosa à la suite d'une gestion déficiente et d'erreurs humaines. La conception des réacteurs de la centrale avait des failles. Les techniciens de l'équipe alors au travail n'en avaient pas conscience, et ils se montrèrent en outre négligents dans leurs tâches. L'explosion de Tchernobyl est due à des erreurs – la plus humaine des explications.

Des vents violents transportèrent sur une bonne partie de l'Europe de la matière quatre cents fois plus radioactive que celle diffusée par les bombes de Hiroshima et de Nagasaki réunies. Elle est tombée du ciel sous forme de gouttes de pluie et de flocons de neige, s'est infiltrée dans les sols et les cours d'eau de nombreux pays. Pour finir, elle a pris place dans la chaîne alimentaire. Le nombre de décès prématurés dus à cet événement est encore discuté, mais certaines estimations font état de centaines de milliers de victimes. Tchernobyl a souvent été qualifiée de pire catastrophe environnementale de l'histoire.

Hélas, ce n'est pas exact. Un autre phénomène s'est déroulé partout à travers le monde, un changement presque imperceptible de jour en jour tout au long du siècle dernier. Là encore, c'est le résultat d'une gestion défaillante et d'erreurs humaines. Il ne s'agit pas d'un accident malheureux mais d'un manque funeste d'attention et de compréhension, qui affecte tout ce que nous faisons. Ce désastre n'a pas commencé par une explosion isolée. Il est apparu en silence, avant que personne ne s'en soit rendu compte, à partir de causes multiples, globales et complexes. On ne peut identifier ses répercussions à l'aide d'un unique instrument. Il a fallu des centaines d'études à travers le monde pour confirmer qu'il se produit vraiment. Ses effets seront beaucoup plus graves que la contamination des sols et des cours d'eau dans quelques contrées infortunées – il pourrait mener à la déstabilisation et à l'effondrement du monde sur lequel nous comptons.

C'est la véritable tragédie de notre temps : le déclin accéléré de la biodiversité[1] de notre planète. Pour que la vie puisse vraiment prospérer sur cette terre, une biodiversité immense est nécessaire. Il faut que des milliards d'organismes individuels différents tirent profit de toutes les ressources et opportunités dont ils disposent, et que des millions d'espèces vivent dans une interdépendance leur permettant de se nourrir les unes des autres, pour que la planète fonctionne avec efficacité. Plus la biodiversité sera importante, plus toutes les formes de la vie terrestre, y compris la nôtre, seront en sûreté. Toutefois, l'actuel mode de vie des humains sur la terre met en péril cette biodiversité.

Nous sommes tous coupables, mais il faut reconnaître que ce n'est pas notre faute. Ce n'est qu'au

1. Les termes suivis d'un astérisque sont définis dans le glossaire, en fin d'ouvrage. *(N.D.É)*

cours des dernières décennies que nous avons fini par comprendre que chacun d'entre nous était né dans un monde humain qui n'était intrinsèquement pas durable*. Mais maintenant que nous le savons, nous devons faire un choix. Nous pouvons continuer de vivre notre existence heureuse, d'élever nos enfants et de nous consacrer aux désirs honnêtes de la société moderne, en préférant ignorer la catastrophe qui est à nos portes. Ou nous pouvons changer.

Ce choix est loin d'être évident. Après tout, il n'est que trop humain de se raccrocher à ce qu'on connaît et de négliger ou redouter ce qu'on ne connaît pas. Chaque matin, en tirant les rideaux dans leur appartement, la première chose que voyaient les habitants de Prypiat, c'était la gigantesque centrale nucléaire qui détruirait un jour leur vie. La plupart d'entre eux y travaillaient, les autres comptaient sur eux pour assurer leur subsistance. Beaucoup pouvaient comprendre combien il était dangereux de vivre si près de la centrale, mais je ne crois pas qu'aucun d'entre eux n'aurait choisi d'arrêter les réacteurs. Tchernobyl leur avait procuré cette denrée précieuse : une vie confortable.

Aujourd'hui, nous sommes tous des habitants de Prypiat. Nous menons notre vie confortable dans l'ombre d'un désastre dont nous sommes responsables. Il est la conséquence directe de tout ce qui nous permet de vivre dans le confort. Et il est tout à fait normal que nous continuions sur cette voie, tant que nous n'aurons pas une raison convaincante pour agir autrement et un projet offrant une véritable alternative. Voilà pourquoi j'ai écrit ce livre.

Le monde naturel dépérit, nous en avons partout la preuve autour de nous. Ce phénomène s'est produit pendant ma propre existence, je l'ai vu de mes yeux. Il finira par causer notre perte.

Cependant, il est encore temps d'arrêter le réacteur. Il existe bel et bien une alternative viable.

Ce livre est l'histoire de ce désastre, notre plus grande erreur. Il raconte aussi comment, en agissant tout de suite, nous pouvons y remédier.

PREMIÈRE PARTIE

Mon témoignage

David tient un poussin fraîchement éclos
qui « parle » à un œuf encore intact,
extrait de *La Magie de l'œuf*.

J'écris ces lignes à l'âge de quatre-vingt-quatorze ans. Ma vie a été absolument extraordinaire, ce n'est que maintenant que je m'en rends vraiment compte. J'ai eu la chance de passer mon temps à explorer les lieux sauvages de notre planète et à tourner des films sur les créatures qui les habitent. C'est ainsi que j'ai voyagé d'un bout à l'autre du globe. J'ai eu une expérience directe du monde vivant dans toute sa variété merveilleuse, j'ai assisté à ses spectacles les plus grandioses et à ses drames les plus haletants.

Dans mon enfance, je rêvais comme tant d'autres petits garçons de voyager dans des contrées lointaines et sauvages, afin de contempler le monde naturel dans son état d'origine et même de découvrir des animaux inconnus de la science. À présent, je trouve moi-même incroyable d'avoir réussi à consacrer une bonne partie de ma vie précisément à ces activités.

Un arbre solitaire à Leicester

1937

POPULATION MONDIALE[1] : 2,3 MILLIARDS
CARBONE DANS L'ATMOSPHÈRE[2] : 280 PPM (PARTIES PAR MILLION DE MOLÉCULES D'AIR)
MONDE SAUVAGE SUBSISTANT[3] : 66 %

Quand j'avais onze ans, je vivais à Leicester, dans le centre de l'Angleterre. À cette époque, il était normal pour un garçon de mon âge de prendre un vélo pour aller à la campagne et passer toute une journée loin de chez lui. C'était ce que je faisais. Tous les enfants explorent le monde. Même retourner une pierre et regarder les animaux se trouvant dessous est une exploration. En observant ce qui se passait dans la nature autour de moi, j'étais fasciné, et jamais je n'ai songé que j'aurais pu avoir une autre réaction.

Mon frère aîné ne voyait pas les choses ainsi. Leicester possédait une troupe de théâtre amateur, qui donnait des spectacles d'un niveau presque professionnel. Même s'il me convainquait parfois de me joindre à lui et de déclamer quelques vers dans un rôle de comparse, je n'étais guère enthousiaste.

Au contraire, dès qu'il faisait assez chaud, je partais à bicyclette dans l'est du comté, où l'on trouvait des roches pleines de fossiles aussi magnifiques qu'intrigants. Certes, ce n'étaient pas des ossements de dinosaures. Le calcaire couleur de miel s'était déposé sous forme de vase au fond d'une ancienne mer, de sorte qu'on ne pouvait s'attendre à y découvrir des restes de ces monstres terrestres. En revanche, je dénichais les coquilles d'animaux marins – des ammonites, certaines longues d'une quinzaine de centimètres et dont l'enroulement évoquait une corne de bélier, d'autres grosses comme des noisettes et abritant de minuscules structures de calcite qui soutenaient jadis les branchies permettant à ces créatures de respirer. Rien n'était plus excitant pour moi que de soulever une pierre paraissant prometteuse, de l'ouvrir adroitement à l'aide d'un marteau et de voir apparaître une de ces coquilles magnifiques, brillant au soleil. J'étais ravi à l'idée que j'étais le premier humain à contempler cette merveille.

Très jeune, je m'étais persuadé qu'aucune connaissance n'était plus importante que celle permettant de comprendre comment fonctionnait le monde naturel. Ce n'étaient pas les lois inventées par les humains qui m'intéressaient, mais les principes régissant la vie des plantes et des animaux. Plutôt que l'histoire des rois et des reines, ou même les différentes langues élaborées par les diverses sociétés humaines, je voulais connaître les vérités qui avaient gouverné le monde autour de moi longtemps avant l'apparition de l'humanité. Pourquoi existait-il tant d'espèces différentes d'ammonites ? Pourquoi l'une différait-elle de l'autre ? Vivait-elle d'une autre façon ? Dans une autre région de la mer ? Je découvris bientôt que beaucoup de gens s'étaient déjà posé ces questions, et qu'ils avaient trouvé un grand nombre de réponses. Ces réponses, il était possible de les rassembler pour former la plus merveilleuse de toutes les histoires : celle de la vie.

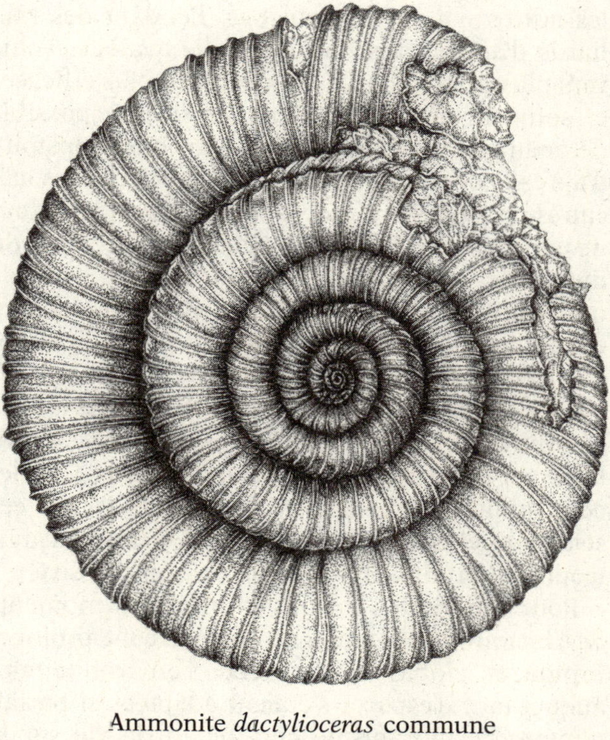

Ammonite *dactylioceras* commune

Pour l'essentiel, l'histoire du développement de la vie terrestre consiste en un changement lent et continu. Chaque créature dont je découvrais les restes dans la roche avait passé sa vie à être mise à l'épreuve par son environnement. Celles qui s'avéraient les plus capables de survivre et de se reproduire transmettaient leurs caractéristiques, les autres n'y parvenaient pas. Pendant des milliards d'années, les formes de vie avaient évolué vers plus de complexité, en devenant plus efficaces et souvent plus spécialisées. Et il était possible de déduire tous les détails de leur longue histoire d'après les vestiges trouvés dans la roche. Les calcaires du Leicestershire ne préservaient qu'un bref instant de cette évolution, mais les collections du musée de la ville me permirent de découvrir de nouveaux chapitres. Et pour en apprendre encore davantage, je décidai le moment venu d'essayer d'entrer à l'université.

C'est là que j'appris une autre vérité. Cette longue histoire de changements progressifs avait été brutalement interrompue à plusieurs reprises. Tous les cent millions d'années, environ, après toutes ces sélections et ces améliorations assidues, une catastrophe se produisait – une extinction massive*.

Pour différentes raisons à différents moments de l'histoire de la terre, un changement profond, rapide et global avait affecté l'environnement auquel tant d'espèces s'étaient adaptées si parfaitement. Le mécanisme entretenant la vie sur la planète avait eu des ratés et le miraculeux assemblage des interconnexions garantissant son équilibre fragile s'était écroulé. Après la disparition soudaine d'un grand nombre d'espèces, il n'était resté que quelques reliquats. Le processus entier de l'évolution était ruiné. Ces extinctions à grande échelle avaient créé des frontières qu'on pouvait voir dans les roches, si l'on savait où regarder et comment les reconnaître. En deçà de la frontière, les formes de vies proliféraient. Au-delà, elles se faisaient très rares.

De telles extinctions massives se sont produites à cinq reprises au cours des quatre milliards d'années que compte l'histoire de la vie[4]. À chaque fois, la nature s'est effondrée, en laissant juste assez de survivants pour recommencer le processus. Le dernier épisode est attribué à une météorite dépassant les dix kilomètres de diamètre ayant heurté la Terre. L'impact aurait été deux millions de fois plus violent que l'explosion de la plus puissante des bombes à hydrogène jamais testées[5]. Comme elle a atterri sur des couches de gypse, certains pensent qu'elle a projeté dans l'atmosphère du soufre, qui s'est déversé sur la terre en une pluie suffisamment acide pour tuer la végétation et anéantir le plancton présent dans les eaux de surface des océans. Le nuage de poussière qui s'est alors élevé a obstrué la lumière du soleil au point de faire obstacle à la croissance des plantes pendant plusieurs années. Il se peut que des débris enflammés de la déflagration soient retombés sur la terre, en provoquant de gigantesques incendies dans tout l'hémisphère occidental. L'embrasement du monde aurait ajouté du dioxyde de carbone et de la fumée à un air déjà pollué, si bien qu'un effet de serre aurait réchauffé la planète. Et comme le point de chute de la météorite se situait sur la côte, des tsunamis colossaux ont déferlé sur le globe, en détruisant les écosystèmes côtiers et en projetant du sable marin à l'intérieur des terres sur des distances importantes.

Cet événement a changé le cours de l'histoire naturelle, puisqu'il a exterminé les trois quarts des espèces, y compris toutes les créatures terrestres dont la taille dépassait celle d'un chien. Il a mis fin aux 175 millions d'années du règne des dinosaures. Après cela, la vie était à reconstruire.

Durant les 66 millions d'années qui ont suivi, la nature s'est attachée à reconstituer le monde vivant, en créant et en perfectionnant une nouvelle biodiversité. L'un des résultats de ce redémarrage de la vie a été l'humanité.

*

* *

Les roches gardent aussi le souvenir de notre propre évolution. Les fossiles de nos proches ancêtres sont nettement plus rares que ceux des ammonites, car leur évolution n'a commencé que depuis deux millions d'années. À quoi s'ajoute une difficulté supplémentaire : la plupart des vestiges d'animaux terrestres ne sont pas préservés sous des sédiments accumulés, contrairement à ceux de la faune marine. Ils sont éliminés par la force destructrice du soleil brûlant, des pluies torrentielles et du gel. On en trouve pourtant, et les rares traces de nos ancêtres révèlent que nous avons commencé à nous développer en Afrique. Au cours de ce processus, notre cerveau se mit à grossir au point qu'on peut supposer que nous acquérions alors l'une de nos particularités les plus marquantes : l'aptitude à épanouir des cultures* à un degré inégalé.

Pour un biologiste évolutionniste, le terme de « culture » désigne une information que les individus peuvent se transmettre par apprentissage ou par imitation. Imiter les idées ou les actes d'autrui nous paraît facile, mais c'est parce que nous excellons dans cet exercice. Seule une poignée d'espèces semblent manifester des traits culturels – les chimpanzés et les grands dauphins en font partie. Mais aucune autre n'approche de notre capacité à développer une culture.

La culture a changé notre façon d'évoluer. C'est cette innovation qui a déterminé l'adaptation des humains à la vie sur la terre. Alors que d'autres espèces dépendaient de transformations physiques s'étendant sur des générations, nous pouvions introduire un changement important en une seule génération grâce à une simple idée. Des astuces comme la découverte de plantes capables de fournir de l'eau même en temps de sécheresse, la fabrication d'un outil en pierre pour écorcher une proie ou la cuisson d'un repas à l'aide du feu pouvaient se transmettre d'un humain à l'autre au cours d'une unique existence terrestre. C'était une forme nouvelle d'hérédité, qui ne dépendait pas des gènes que chaque individu héritait de ses parents. Du coup, le rythme de notre évolution s'accéléra. Les cerveaux de nos ancêtres se développèrent avec une rapidité extraordinaire, nous permettant d'apprendre, de conserver et de diffuser des idées. En revanche, leur corps ne connut presque plus aucune modification. Voilà deux cent mille ans environ que les *homo sapiens* sont apparus – des gens comme vous et moi, possédant la même anatomie que l'être humain moderne. Nous avons très peu changé physiquement depuis lors. Ce qui a changé de façon spectaculaire, c'est notre culture.

Au début de notre existence en tant qu'espèce, notre culture était centrée sur un mode de vie de chasseurs-cueilleurs*. Nos aptitudes dans ces deux activités étaient exceptionnelles. Nous avons acquis l'équipement propre à notre culture matérielle, tels qu'hameçons pour attraper des poissons et couteaux pour abattre des cervidés. Nous avons appris à maîtriser le feu pour cuisiner et à nous servir de pierres pour moudre les céréales. Cependant, malgré notre culture ingénieuse, nous n'avions pas la vie facile. Notre environnement était rude et surtout imprévisible. En général, la terre était plus froide que de nos jours. Le niveau des mers était beaucoup plus bas. Il était malaisé de trouver de l'eau douce et les températures globales subissaient des fluctuations importantes dans des périodes de temps relativement courtes. Notre corps et notre cerveau avaient beau être très proches de ceux que nous avons aujourd'hui, l'instabilité régnant autour de nous rendait notre survie difficile. Des données tirées d'études génétiques sur les êtres humains modernes laissent à penser qu'en fait, voilà 70 000 ans, ces aléas climatiques nous exposèrent à des situations qui faillirent nous mener à l'extinction. Il se pourrait que notre espèce entière ait été réduite à une population de vingt mille adultes en état de procréer[6]. Pour continuer de progresser, nous avions besoin d'un peu de stabilité. Le retrait des glaciers, qui remonte à 11 700 ans, nous a apporté cette stabilité.

*

* *

L'Holocène*, la période de l'histoire terrestre que nous considérons comme notre époque, fait partie des phases les plus stables qu'ait connues notre planète. Pendant dix mille ans, la température globale moyenne n'a pas augmenté ni baissé de plus de 1 °C[7]. Nous ne savons pas exactement ce qui a produit cette stabilité, mais il est probable que la richesse du monde vivant y ait contribué.

Le phytoplancton*, ces plantes microscopiques en suspension dans les eaux de surface des océans, et les immenses forêts couvrant le globe dans l'hémisphère nord emprisonnaient une grande quantité de carbone et aidaient ainsi au maintien d'un niveau modéré de gaz à effet de serre* dans l'atmosphère. D'énormes troupeaux d'herbivores entretenaient la richesse et la productivité des herbages en fertilisant les sols et stimulaient leur croissance en broutant. Les mangroves et les récifs coralliens des côtes servaient de pouponnières aux poissons qui, une fois adultes, gagnaient le large et enrichissaient l'écosystème océanique. Autour de l'équateur, une ceinture de forêts vierges au milieu dense et stratifié exploitaient l'énergie solaire et apportaient de l'humidité et de l'oxygène aux courants aériens. Enfin, de vastes étendues de neige et de glace aux extrémités nord et sud de la planète réverbéraient dans l'espace la lumière solaire, en refroidissant la terre entière comme un climatiseur gigantesque.

C'est ainsi que la biodiversité florissante de l'Holocène a contribué à modérer les températures globales sur la terre, si bien que le monde vivant s'est installé dans un rythme annuel aussi fiable que confortable : les saisons. Dans les plaines tropicales, saison sèche et saison des pluies alternaient avec une régularité sans faille. En Asie et en Océanie, les vents changeaient de direction au même moment chaque année, amenant la mousson en temps voulu. Dans les régions du nord, les températures s'élevaient au-dessus de 15 °C en mars, ce qui déclenchait le printemps, puis elles restaient élevées jusqu'en octobre, où leur chute marquait l'avènement de l'automne.

L'Holocène a été notre jardin d'Éden. Le rythme de ses saisons était si régulier qu'il a offert à notre espèce les opportunités dont elle avait besoin, et nous en avons profité. Dès que l'environnement se fut stabilisé, des groupes humains vivant au Moyen-Orient abandonnèrent la cueillette et la chasse pour un mode de vie absolument nouveau : l'agriculture. Ce changement ne résultait pas d'une décision consciente. Il a été un cheminement aussi long que hasardeux, où la chance a joué un plus grand rôle que la prévoyance.

Les contrées du Moyen-Orient possédaient toutes les caractéristiques nécessaires à ces heureux hasards. Se trouvant à la jonction de trois continents – l'Afrique, l'Asie et l'Europe – elles ont vu passer et s'installer des plantes et des animaux venus de tous les horizons. Les hauteurs comme les plaines inondables ont été colonisées par les ancêtres sauvages de ce qui est aujourd'hui le blé, l'orge, les diverses sortes de pois et les lentilles, toutes espèces qui produisent des graines si riches en éléments nutritifs qu'elles peuvent survivre aux longues saisons sèches. Cette manne devait attirer des gens chaque année. S'ils parvenaient à récolter plus de graines qu'ils n'en avaient besoin dans l'immédiat, ils devaient les stocker, comme le font d'autres mammifères et oiseaux, afin de pouvoir les manger en hiver quand la nourriture se faisait rare. Au bout d'un moment, les chasseurs-cueilleurs ont cessé de nomadiser et se sont installés à demeure, dans la certitude que leurs provisions leur permettraient de subsister aux périodes où ils n'auraient plus d'autres ressources alimentaires.

Chèvres, moutons et cochons existaient à l'état sauvage dans cette région du globe. Même si on les trouvait à l'origine dans la nature, ils ont été eux aussi *domestiqués* en quelques milliers d'années après le début de l'Holocène. Là encore, il y a eu certainement bien des niveaux intermédiaires et des avancées involontaires, dans cette aventure de la domestication*. Les chasseurs ont commencé par tuer de préférence les mâles, en protégeant les femelles reproductrices afin d'augmenter les effectifs. L'étude des ossements d'animaux autour de sites de villages de cette époque reculée en a apporté la preuve aux scientifiques. Il se pourrait aussi que les humains aient repoussé les autres prédateurs et vécu sans manger de viande à certaines périodes de l'année, de façon à préserver les ressources en gibier. Pour finir, ils ont non seulement capturé mais gardé vivants des animaux pendant de longues durées. Ils ont commencé ainsi à les élever, en sélectionnant inévitablement les individus les moins agressifs et les plus endurants pour constituer leurs troupeaux.

Avec le temps, d'autres innovations sont venues perfectionner toute cette évolution – la construction de greniers, le développement du pastoralisme, l'irrigation et le labourage, le recours au semis et au fumier. L'agriculture était née. Peut-être son avènement était-il inéluctable, quand une espèce aussi intelligente et inventive que la nôtre s'est retrouvée face à un climat stable comme celui de l'Holocène. Il est patent qu'au moins onze régions distinctes d'un bout à l'autre du globe ont développé de façon indépendante la culture de la terre, en produisant peu à peu une grande variété de plantes cultivées, dont certaines aussi familières que la pomme de terre, le maïs, le riz et la canne à sucre, à quoi s'ajoutait l'élevage d'animaux domestiques tels que les ânes, les poulets, les lamas et les abeilles.

*
* *

L'agriculture a changé les rapports entre l'humanité et la nature. Nous étions en train d'apprivoiser une partie du monde sauvage, même à très petite échelle, d'exercer à notre modeste niveau un contrôle sur notre environnement. Nous avons construit des murs pour protéger nos plantes contre le vent. Nous avons abrité du soleil nos animaux en plantant des arbres. Grâce au fumier, nous avons fertilisé leurs pâturages. En irriguant nos cultures à l'aide de canaux provenant de lacs et de rivières, nous avons fait en sorte qu'elles prospèrent pendant les périodes de sécheresse. Nous avons éliminé les plantes faisant concurrence à celles que nous jugions utiles, et couvert des collines entières avec celles qui avaient nos faveurs.

Les plantes et les animaux que nous sélectionnions ainsi se sont mis à leur tour à changer. Comme nous protégions nos troupeaux, il leur était inutile désormais de se garder des attaques de prédateurs ou de combattre pour avoir accès aux femelles. En désherbant nos terres, nous permettions à nos plantes alimentaires de pousser sans la concurrence d'autres espèces et d'avoir tout l'azote, l'eau et la lumière solaire dont elles avaient besoin. Elles produisaient des graines plus grosses, des fruits et des tubercules plus imposants. Les animaux devenaient plus dociles à mesure que nous les affranchissions du besoin d'être méfiants et agressifs. Leurs oreilles se sont affaissées, leurs queues se sont recourbées, ils ont persisté dans leurs aboiements, bêlements ou hennissements juvéniles même parvenus à l'âge adulte – peut-être parce qu'ils restaient éternellement jeunes, à bien des égards, étant nourris et protégés par nous, leurs parents de substitution. Et nous-mêmes, nous passions du statut d'une espèce modelée par la nature à celui d'une espèce capable de modeler d'autres créatures conformément à ses propres exigences.

Le travail des paysans était dur. Ils étaient fréquemment affectés par des sécheresses et des famines. Malgré tout, ils ont fini par être en mesure de produire davantage qu'il n'en fallait pour satisfaire leurs besoins immédiats. Par rapport à leurs voisins chasseurs-cueilleurs, ils pouvaient entretenir des familles plus nombreuses. Ces fils et ces filles supplémentaires étaient utiles, non seulement pour s'occuper des cultures et du bétail, mais pour aider leur famille à conserver ses champs. Les terres cultivées avaient nettement plus de valeur que dans leur état sauvage, et les paysans se mirent à construire des demeures plus durables pour affirmer leur possession.

Les propriétés des diverses familles différaient nécessairement par leur sol, leurs ressources en eau et leur exposition, de sorte que certaines cultures et certains troupeaux prospéraient plus que d'autres. Une fois qu'ils nourrissaient leur famille, les paysans pouvaient se servir de leurs excédents pour commercer. Les communautés paysannes commencèrent à se réunir dans des marchés en plein air pour troquer leurs produits. La nourriture devint une monnaie d'échange pour d'autres biens et services. Les paysans avaient besoin de pierre, de ficelle, d'huile et de poisson.

Ils voulaient acquérir ce que fabriquaient charpentiers, maçons et taillandiers, lesquels ont pu pour la première fois se nourrir grâce au commerce au lieu de passer du temps à cultiver la terre. Le commerce devenant plus important, les marchés devinrent des bourgades puis des villes dans beaucoup de vallées fluviales au sol fertile. Chaque fois qu'une vallée était entièrement occupée, des paysans se rendaient dans la suivante en quête de champs nouveaux. Les chasseurs-cueilleurs des tribus voisines se fondaient dans les communautés paysannes en expansion avec lesquelles ils faisaient du troc. L'agriculture se répandit ainsi rapidement dans tous les bassins hydrographiques en remontant les fleuves.

C'était le début de la civilisation. Son développement s'est accéléré à chaque génération nouvelle, à chaque innovation technique. L'énergie hydraulique, les machines à vapeur, l'électrification ont été inventées et perfectionnées pour aboutir à toutes les réalisations qui nous sont aujourd'hui familières. Mais chaque génération, dans ces sociétés d'une complexité grandissante, ne pouvait se développer et progresser que parce que le monde naturel continuait d'être stable et qu'on pouvait compter sur lui pour offrir les productions et les conditions dont nous avions besoin. L'environnement propice de l'Holocène, et la merveilleuse biodiversité qui le garantissait, sont devenus plus important que jamais pour nous.

1954

POPULATION MONDIALE : 2,7 MILLIARDS D'HABITANTS
CARBONE DANS L'ATMOSPHÈRE : 310 PPM
MONDE SAUVAGE SUBSISTANT : 64 %

Après avoir étudié les sciences naturelles à l'université et fait mon service militaire dans la Royal Navy, je suis entré à la télévision, qui naissait à peine. La BBC, premier service audiovisuel au monde, avait débuté en utilisant deux petits studios à Alexandra Palace, au nord de Londres. Elle s'interrompit quand la Seconde Guerre mondiale éclata, mais reprit en 1946, avec les mêmes caméras dans les mêmes studios. Toutes ses émissions étaient en direct et en noir et blanc, et on ne pouvait les voir qu'à Londres et Birmingham. Mon travail consistait à produire des documentaires de toutes sortes, mais comme la variété des émissions diffusées chaque soir ne cessait d'augmenter, j'ai fini par me spécialiser dans l'histoire naturelle.

Pour commencer, nous avons présenté des animaux du zoo de Londres qu'on apportait en studio. Ils prenaient place sur une table recouverte d'un paillasson. D'ordinaire, c'était un des experts du zoo qui s'occupait de les manier. Mais les animaux avaient l'air de curiosités, présentés ainsi, de phénomènes de foire. J'aspirais à les montrer aux téléspectateurs dans leur environnement naturel, où leurs formes et leurs couleurs variées prenaient

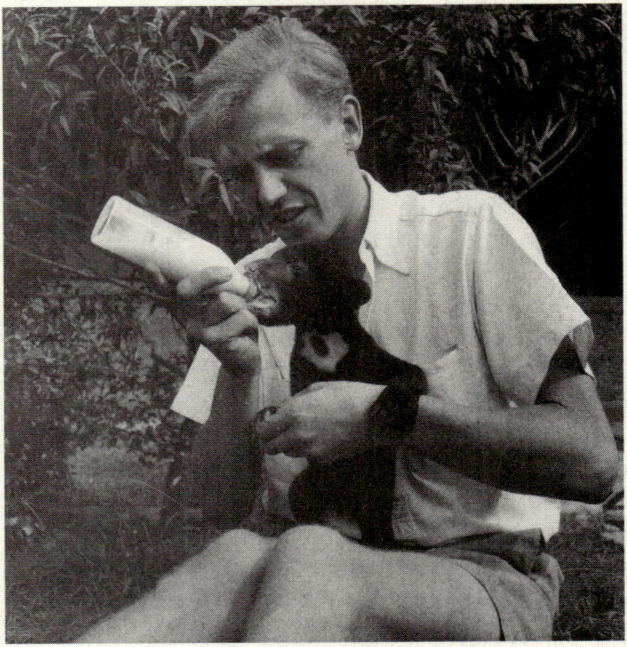

David Attenborough avec Benjamin,
un ours malais, tournage de *Zoo Quest*

tout leur sens. Au bout du compte, j'ai trouvé un moyen de parvenir à mes fins en collaboration avec Jack Lester, le conservateur chargé des reptiles au zoo de Londres. Il devait proposer au directeur du zoo de se rendre en Sierra Leone, en Afrique occidentale, qu'il connaissait bien, en m'emmenant avec lui pour filmer ce qu'il faisait. Après chaque film le montrant au travail en pleine nature, Jack apparaîtrait en personne au studio pour présenter en direct l'animal qu'il avait capturé et expliquer ses caractéristiques. Ce serait une excellente publicité pour le zoo, et la BBC disposerait ainsi d'un nouveau genre d'émission sur les animaux. Nous l'avons appelée *Zoo Quest*. Je suis donc parti pour l'Afrique en 1954 avec Jack et Charles Lagus, un jeune cameraman qui avait travaillé dans l'Himalaya et utilisait la caméra 16 mm dont nous avions besoin pour sa légèreté.

La première émission fut diffusée en décembre 1954. Malheureusement, Jack entra à l'hôpital dès le lendemain, pour une maladie si grave qu'elle devait finalement le tuer. Il était hors de question qu'il puisse venir au studio la semaine suivante pour la deuxième émission. Une seule personne pouvait le remplacer, et c'était moi. C'est ainsi qu'on me demanda de quitter la régie, d'où je dirigeais les caméras, pour affronter en direct les pythons, les singes, les oiseaux rares et les caméléons que l'expédition avait ramenés. Ce fut le début de ma carrière devant les caméras.

Cette série rencontra un grand succès et je me mis à parcourir le monde pour tourner des émissions de *Zoo Quest* en Guyana, à Bornéo, en Nouvelle-Guinée, à Madagascar, au Paraguay. Dans tous les pays que je visitais, la nature sauvage florissait : mers côtières aux couleurs éclatantes,

Charles Lagus en train de tourner
Zoo Quest en Guyana

forêts immenses, étendues herbeuses à perte de vue. Année après année, j'explorais ces sanctuaires avec des caméras, en filmant les merveilles de la nature pour les spectateurs anglais. Les gens qui nous aidaient, en nous guidant à travers ces jungles et ces déserts, ne pouvaient comprendre que j'eusse tant de peine à repérer les animaux, dont la présence était évidente à leurs yeux. Il me fallut un certain temps pour acquérir les talents dont j'avais besoin afin de me montrer relativement compétent dans l'art de vivre et de travailler au sein du monde sauvage.

Ces émissions sont devenues extrêmement populaires. Les gens n'avaient encore jamais vu de pangolin ou de paresseux à la télévision. Nous leur avons présenté le plus gros des lézards, le prétendu « dragon » vivant à Komodo, une petite île du centre de l'Indonésie, et nous avons filmé pour la première fois des oiseaux de paradis en train de danser dans les forêts de la Nouvelle-Guinée.

Les années 1950 étaient empreintes d'un grand optimisme. La Seconde Guerre mondiale, qui avait laissé l'Europe en ruines, commençait à pâlir dans les mémoires. Le monde entier voulait passer à l'étape suivante. L'innovation technologique était en plein essor et rendait notre vie plus facile, en nous faisant connaître de nouvelles expériences. On avait l'impression que rien n'arrêterait nos progrès. L'avenir promettait d'être excitant et de réaliser tous nos rêves. Comment aurais-je pu ne pas être d'accord, moi qui sillonnais le monde avec pour tâche d'explorer la nature ?

À cette époque, personne parmi nous n'avait conscience des problèmes qui se posaient déjà.

Pangolin javanais, *manis javanica*

1960

POPULATION MONDIALE : 3 MILLIARDS
CARBONE DANS L'ATMOSPHÈRE : 315 PPM
MONDE SAUVAGE SUBSISTANT : 62 %

S'il existe une réalité sauvage dont chacun possède en lui nettement l'image, ce sont les grandes plaines de l'Afrique avec leurs éléphants, leurs rhinocéros, leurs girafes et leurs lions. Je m'y suis rendu pour la première fois en 1960. La faune et la flore que je découvrais étaient certes merveilleuses, mais c'est l'immensité de ces paysages illimités qui m'a fasciné. Le mot masaï « Serengeti » signifie : « plaines sans fin ». Il décrit parfaitement cette région du globe. Dans le Serengeti, on peut se retrouver dans un endroit d'où les animaux paraissent entièrement absents. Après quoi, le lendemain matin, on y voit un million de gnous, deux cent cinquante mille zèbres, un demi-million de gazelles. Quelques jours plus tard, tous ont disparu, il n'y a plus rien à l'horizon. Il était pardonnable d'imaginer que ces plaines n'aient pas de fin, puisqu'elles étaient capables d'engloutir des troupeaux aussi gigantesques.

À cette époque, il semblait inconcevable que l'espèce humaine ait un jour à elle seule le pouvoir de menacer une réalité aussi énorme que ces espaces sauvages. C'était pourtant précisément ce que redoutait un scientifique visionnaire, Bernhard Grzimek.

Zèbres dans le Serengeti

Directeur du zoo de Francfort, il l'avait fait renaître alors qu'il n'était plus qu'un amas de cages fracassées et de cratères de bombes après la guerre. Durant les années 1950, il était devenu un visage familier de la télévision allemande, en présentant des films sur la faune sauvage. Le plus célèbre, *Serengeti ne doit pas mourir* (*Serengeti darf nicht sterben*), avait obtenu l'Oscar du meilleur documentaire en 1959. Le film retraçait ses efforts pour inventorier les migrations des troupeaux de gnous. Lui et son fils Michael, qui avait son brevet de pilote, s'étaient servis d'un petit avion pour suivre les troupeaux à l'horizon. Ils en dressèrent l'inventaire tandis qu'ils traversaient les rivières, les régions boisées et les frontières des États. De cette façon, ils commencèrent à comprendre le fonctionnement global de l'écosystème du Serengeti. Il apparut qu'étonnamment l'herbe avait autant besoin des herbivores que les herbivores avaient besoin de l'herbe. Sans les animaux qui la broutaient, elle aurait perdu sa prééminence. Elle avait évolué pour résister à ces millions de mâchoires voraces. Quand les dents des herbivores la coupaient jusqu'au ras du sol, les plantes recouraient à des réserves de nourriture juste au-dessous de la surface pour repousser. Quand les sabots des troupeaux labouraient la terre et que les plantes répandaient leurs graines, la nouvelle génération de l'herbe était assurée. Quand les troupeaux s'éloignaient, les plantes repoussaient rapidement, sustentées par les monceaux de fumier laissés par les animaux. Les ravages apparemment causés par le passage des troupeaux constituaient en fait une étape cruciale dans le cycle vital de l'herbe. S'il n'y avait pas assez d'herbivores, l'herbe disparaîtrait, éclipsée par des plantes plus hautes qui prendraient l'avantage en l'absence des troupeaux.

C'était une histoire d'interdépendance, typique des découvertes que faisait alors une science naissante, l'écologie*. L'établissement d'une nomenclature des espèces, qui avait occupé les zoologistes au XIXe siècle, se voyait supplanté par d'autres recherches. Les zoologistes devenaient plus spécialisés. Certains étudiaient le fonctionnement des cellules animales, invisibles à l'œil nu, en se servant de microscopes et de rayons X de plus en plus puissants – ces recherches aboutirent en 1953 à la découverte de la structure de l'ADN, le support essentiel de l'hérédité. D'autres chercheurs, les écologistes, développèrent des outils statistiques et du matériel topographique pour étudier les communautés animales vivant dans la nature. Au cours des années 1950, ces écologistes commençaient à clarifier le chaos apparent du monde extérieur et à comprendre comment toute vie était interconnectée en un réseau d'une variété infinie, dont chaque composante était reliée aux autres. Plantes et animaux entretenaient des relations proches ou même intimes. Toutefois, malgré l'étroitesse de leurs liens, ces écosystèmes n'étaient pas nécessairement solides. Le moindre choc à un endroit sensible pouvait déséquilibrer la communauté entière.

Grzimek savait que c'était sans doute vrai même pour un écosystème aussi vaste que le Serengeti. Ses vols d'étude révélèrent bientôt que c'était en fait l'immensité même des plaines qui empêchait cet écosystème de s'effondrer. Sans cet espace sans borne, les troupeaux n'auraient pu parcourir de longues distances et donner aux différentes zones de pâturage sauvage le répit dont elles avaient

Bernhard Grzimek et son fils Michael
dans le Serengeti

besoin entre deux agressions. Les herbivores auraient broyé les brins jusqu'à la racine, après quoi ils seraient eux-mêmes morts de faim. Les prédateurs auraient peut-être tiré profit à court terme de l'état de faiblesse de leurs proies, mais pour finir eux aussi auraient péri. Si le Serengeti n'avait pas été aussi immense, son écosystème aurait perdu son équilibre et se serait effondré.

Grzimek était conscient que la Tanzanie et le Kenya allaient bientôt demander leur indépendance et céderaient peut-être aux voix réclamant la mise en culture des plaines. À travers ses films et ses autres activités, il conforta les esprits désireux de protéger les savanes et de préserver l'espace dont la nature avait besoin. Les États africains, de leur propre chef, entreprirent des actions visionnaires. La Tanzanie interdit les installations humaines dans la zone du Serengeti située à l'intérieur de ses frontières – une décision qui souleva beaucoup de controverses. Au Kenya, on créa de nouvelles réserves* dans la région de la rivière Mara, afin de sauvegarder intégralement le parcours des migrations du Serengeti.

La démonstration était faite. La nature est loin d'être illimitée. Le monde sauvage n'est pas infini. Quelques années plus tard, cette notion est devenue une évidence pour tous.

1968

POPULATION MONDIALE : 3,5 MILLIARDS
CARBONE DANS L'ATMOSPHÈRE : 323 PPM
MONDE SAUVAGE SUBSISTANT : 59 %

Lors de mes expéditions pour *Zoo Quest*, j'avais passé du temps dans de lointaines régions du globe avec des gens dont la vie était très différente de la mienne, si bien que j'avais commencé à en apprendre plus long sur eux et sur leur vision du monde. J'en vins à penser qu'il serait précieux de présenter au public anglais leur vie et leur point de vue. La perspective des films que je rapportais de l'étranger changea peu à peu, et je me mis à tourner des documentaires montrant l'existence et les coutumes de peuples vivant loin de l'Europe – en Asie du Sud-Est, dans les îles du Pacifique occidental et en Australie. Mon engagement envers ces gens devint si intense qu'il me sembla nécessaire d'en savoir davantage sur leurs croyances et leurs façons de mener leurs vies. La BBC m'autorisa à ne plus être réalisateur à temps plein. Pendant quelques années, je pus passer six mois par an à réaliser des émissions, tandis que je consacrais les six mois restants à étudier l'anthropologie à la London School of Economics. Cette solution paraissait idéale, mais cela ne dura pas longtemps.

David s'appuyant sur des bobines de film,
en tant que chef du département
des documentaires de la BBC

Dans les années 1960, la BBC fut chargée d'introduire la télévision en couleur en Angleterre, où jusqu'alors le noir et blanc régnait sans partage. Cette mission fut confiée à une nouvelle chaîne appelée BBC2. Ses émissions devaient également explorer des styles et des sujets inédits. Leur teneur exacte n'était pas définie : c'était au futur contrôleur de la chaîne d'en décider. Pour quelqu'un s'intéressant à la télévision, un tel poste était irrésistible. En tout cas, ce fut mon opinion quand on me le proposa. En 1965, j'abandonnai mes études d'anthropologie pour réintégrer l'équipe de la BBC – dans un bureau directorial.

C'est ainsi qu'en 1968, quatre jours avant Noël, je me trouvais au fond de la salle de contrôle internationale du Centre de Télévision de la BBC, à regarder les images transmises à la Terre par la mission Apollo 8. Nous savions tous que cette mission serait exceptionnelle. Pour la première fois, un équipage allait sortir de l'orbite terrestre, se diriger vers la Lune et tourner autour d'elle en photographiant sa face cachée, qu'aucun œil humain n'avait jamais vue, avant de repartir vers la Terre. Ce devait être un galop d'essai en vue de la tentative d'atterrissage sur le satellite, que le président Kennedy avait programmée pour avant la fin de la décennie.

Même si la mission était évidemment centrée sur la Lune, ce furent contre toute attente les photos de la Terre qui captèrent l'attention de l'équipage et la nôtre. Frank Borman, Jim Lovell et Bill Anders étaient les premiers humains à s'éloigner suffisamment de notre globe pour voir à l'œil nu la planète entière, et cet événement fit une profonde impression. Au bout de trois heures et demie de vol, Jim Lovell déclara à la NASA[8] :

« Eh bien, je vois maintenant la Terre entière dans le hublot central. » Les astronautes étaient stupéfaits. « Magnifique », répétaient-ils tous les trois. Anders alla chercher en hâte l'appareil photo de la mission et devint le premier homme à prendre un cliché du globe terrestre. C'est une photo spectaculaire, avec la Terre à l'envers occupant presque tout l'espace et l'Amérique du Sud éclairée par le soleil de décembre. Toutefois, comme l'ensemble des photos prises durant la mission, elle ne fut pas développée avant leur retour sur Terre. Ce que nous attendions, dans les studios de télévision d'un bout à l'autre du monde, c'était une image électronique.

À mesure qu'approchait l'heure prévue pour la première émission en direct du vaisseau spatial, le nombre des spectateurs allumant leur poste à travers le monde surpassait tout ce qu'on avait jamais vu. Nous eûmes droit pour commencer à des images d'une qualité incroyable de l'intérieur de la capsule. Après quelques plaisanteries, Frank Borman expliqua qu'Anders, qui tenait la caméra vidéo, attendait que le vaisseau soit dans une position lui permettant de pointer l'objectif à travers le hublot en direction de la Terre.

« Et maintenant, voici le spectacle que nous voulons vraiment que vous voyiez », nous dit-il.

Mais à cet instant, l'image disparut. À Houston, le centre de contrôle de la mission expliqua précipitamment à l'équipage que l'image était brouillée. Nous attendîmes tous, impuissants. Après quelques minutes de tâtonnements en direct, on nous apprit que le problème venait du téléobjectif. Anders passa à l'objectif à très grand angle, mais on ne voyait toujours aucune image. « Vous n'avez pas de filtre pour l'objectif, n'est-ce pas ? », demanda

Houston. « Non », répondit sèchement Borman. « À vrai dire, nous avons déjà vérifié. »

C'est alors que les premières images surgirent soudain sur nos écrans. On distingua comme un disque, mais la largeur de l'objectif le faisait paraître plutôt petit. Toutefois, le problème principal était l'exposition. La Terre était tout bonnement trop éclatante, tant le Soleil l'inondait de lumière. « On ne voit qu'une tache lumineuse sur l'écran », annonça Houston. « Difficile de dire ce que nous avons sous les yeux. »

Borman répliqua, presque d'un ton d'excuse : « C'est la Terre. »

Ne pouvant améliorer la qualité de l'image, l'équipage entreprit de nous faire visiter l'intérieur du vaisseau. Nous assistâmes au déjeuner en apesanteur des astronautes. Jim Lovell souhaita un heureux anniversaire à sa mère. Puis l'émission s'acheva. « J'espère que nous allons réussir à installer l'autre objectif », déclara Borman.

Il nous fallut attendre toute la journée avant une nouvelle tentative lors de l'émission suivante. Le 23 décembre, on estime qu'un milliard de spectateurs étaient devant leurs téléviseurs – de loin le public le plus nombreux de l'histoire. Borman commença par lancer avec fierté : « Salut, Houston, ici Apollo 8. Cette fois, l'objectif de la caméra est pointé droit sur la Terre. » En fait, l'équipage n'avait pas de viseur et ne pouvait pas savoir exactement ce qu'il y avait sur l'image.

« Nous la voyons sacrément bien », dit Houston, mais la Terre s'éloigna bientôt et disparut. Le téléobjectif avait beau fonctionner enfin, il y eut quelques minutes angoissantes où l'équipage s'efforça de suivre à l'aveuglette les instructions : « Un peu plus à gauche, à droite maintenant... », en tentant de pointer l'objectif sur la planète tandis que le vaisseau tournait doucement à une distance de trois cent mille kilomètres.

Malgré tout, même si la Terre ne cessait de glisser d'un bout à l'autre de l'écran du téléviseur, un quart de l'humanité était bel et bien en train de se regarder elle-même. On osait à peine cligner des paupières. C'était là la Terre, cette planète abritant la totalité des humains – en dehors des trois occupants du vaisseau spatial, qui prenaient les photos.

Avec cette seule image du Noël 1968, la télévision permit à l'humanité de comprendre un fait que personne n'avait été encore capable de se représenter aussi nettement et qui constitue la vérité la plus importante de notre époque, à savoir que notre planète est petite, isolée et vulnérable. Nous n'avons pas d'autre endroit, la *vie* n'existe que là, pour autant que nous le sachions. Elle est d'une valeur inestimable.

Les photos de la mission Apollo 8 ont transformé l'état d'esprit de la population du globe. Comme l'a dit Anders lui-même : « Nous avons fait tout ce voyage pour explorer la Lune, et le plus important c'est que nous avons découvert la Terre. » Nous avions tous compris en même temps que notre demeure n'était pas illimitée – une menace pesait sur notre existence.

1971

POPULATION MONDIALE : 3,7 MILLIARDS
CARBONE DANS L'ATMOSPHÈRE : 326 PPM
MONDE SAUVAGE SUBSISTANT : 58 %

En acceptant un emploi administratif à la BBC, en 1965, j'avais demandé à être autorisé tous les deux ou trois ans à quitter mon bureau pendant quelques semaines pour faire une émission. Je prétendais ainsi rester au courant de la technologie audiovisuelle, qui ne cessait de changer. Et en 1971, j'ai songé à un sujet possible.

Jusqu'au début du XXe siècle, les voyageurs européens s'aventurant hors de leur continent dans des recoins inexplorés de la planète devaient marcher. S'ils devaient progresser dans une contrée absolument inconnue, ils engageaient des porteurs afin d'emmener toutes les provisions, les tentes et autres équipements dont ils auraient besoin pour se suffire à eux-mêmes loin de la civilisation. Cependant, au cours du siècle, le développement du moteur à explosion mit fin à cette situation. Les explorateurs utilisaient désormais des Land Rover et des jeeps, des avions légers et même des hélicoptères. Je ne connaissais qu'une région du globe où les grandes découvertes se faisaient encore à pied : la Nouvelle-Guinée.

Cette île située au nord de l'Australie et longue d'environ 2 400 kilomètres est pleine de chaînes

David rencontre les membres d'une tribu
en Nouvelle-Guinée, tournage de *Zoo Quest*.

de montagnes escarpées couvertes de forêts tropicales. Même dans les années 1970, certaines parties restaient inexplorées et le seul moyen d'y pénétrer était de voyager à pied avec un cortège de porteurs. Une telle expédition donnerait certainement un film fascinant.

À l'époque, la moitié orientale de la Nouvelle-Guinée était administrée par l'Australie. J'ai contacté des amis travaillant pour la télévision australienne. Ils ont découvert qu'une compagnie minière avait demandé l'autorisation de pénétrer dans l'une de ces régions inconnues pour faire de la prospection. Toutefois, le gouvernement stipulait qu'une telle activité était interdite tant qu'il n'était pas établi que la zone en question était inhabitée. Des photos aériennes n'avaient révélé aucune trace de huttes ou autres bâtiments, mais quelques trous d'épingle dans la masse de la forêt pouvaient correspondre à des clairières dues à une présence humaine. Aucune d'elle n'était assez grande pour qu'un hélicoptère puisse s'y poser. Le seul moyen de percer leur mystère, c'était d'envoyer des hommes à pied. Et je pouvais me joindre à l'expédition avec une équipe de prise de vues – si je le voulais vraiment.

Mon plan était simple. L'établissement européen le plus proche était une petite station du gouvernement appelée Ambunti et située sur le Sepik, le grand fleuve qui coule en majeure partie vers l'est, parallèlement à la côte nord de l'île, avant de se jeter dans le Pacifique. Le fonctionnaire du gouvernement devant diriger l'expédition, Laurie Bragge, était installé là-bas et devait recruter des porteurs. Après avoir affrété un hydravion, nous irions nous poser sur le fleuve près de la station pour nous joindre à lui.

Ce voyage s'est avéré le plus épuisant que j'aie jamais fait. Laurie avait réussi à réunir une centaine de porteurs, mais même cette multitude ne pouvait suffire à emporter tous les vivres dont nous aurions besoin. Il faudrait qu'un avion nous largue de nouvelles provisions au bout de trois semaines. Nous devions également affronter l'hostilité de cette contrée. Chaque matin, peu après l'aube, nous nous mettions en marche, en nous frayant un chemin dans la forêt la plus dense qu'il m'ait été donné de voir. Nous gravissions avec peine des pentes raides et boueuses jusqu'au sommet d'une montagne, avant de redescendre en glissant l'autre versant couvert d'un sous-bois gorgé d'humidité. Puis nous traversions en pataugeant une petite rivière sinueuse, et nous recommencions encore et encore. Chaque après-midi à quatre heures, nous nous arrêtions et installions notre campement en déployant des bâches pour nous abriter des pluies diluviennes qui allaient s'abattre ponctuellement à cinq heures.

Au bout de trois semaines et demie de ce périple, un des porteurs a remarqué des empreintes de pied dans la forêt, à l'orée de la clairière que nous avions dégagée. Quelqu'un s'était approché de notre campement la nuit précédente, pour nous observer. Nous avons suivi les empreintes. Chaque soir, après avoir dressé nos tentes, nous posions des cadeaux bien en évidence – pains de sels, couteaux et paquets de perles de verre. Un porteur restait assis sur une souche en criant toutes les dix minutes que nous étions des amis et apportions des cadeaux, mais il était peu probable que les inconnus que nous suivions le comprennent, car on parle plus de mille langues mutuellement inintelligibles en Nouvelle-Guinée. Même des groupes

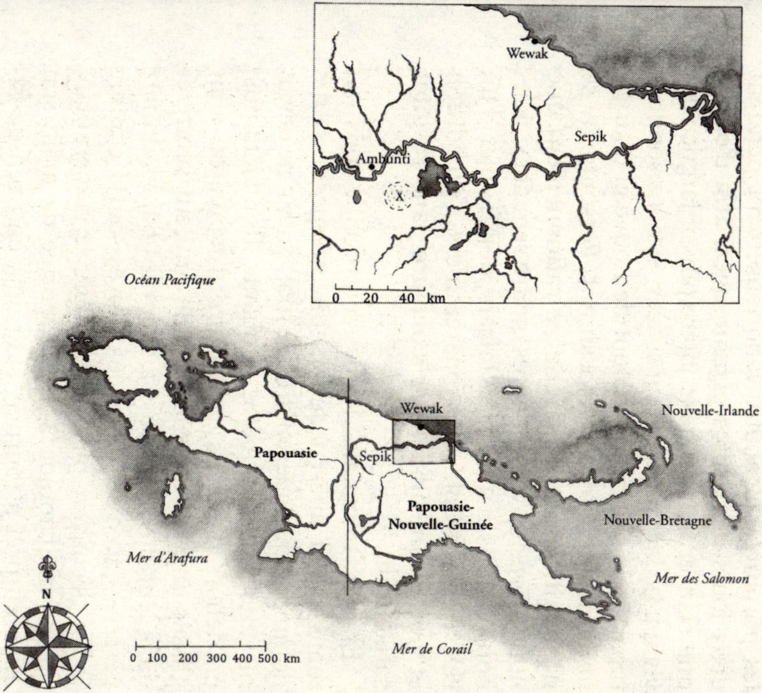

La région du fleuve Sepik et Ambunti (Papouasie-Nouvelle-Guinée)

restreints possèdent leur idiome particulier. Les nuits se passaient ainsi en appels. Au matin, les cadeaux étaient toujours là où nous les avions laissés.

Après avoir marché encore pendant trois semaines, nous sommes arrivés au bout de nos provisions. Nous avons établi un campement et les porteurs ont abattu laborieusement pendant deux jours des arbres gigantesques, afin d'ouvrir une clairière où un hélicoptère puisse larguer des vivres. Le largage a été un succès, et nous sommes repartis. Les porteurs étaient de nouveau chargés de fardeaux d'un poids rassurant. Personne ne se plaignait, après la période de rationnement que nous avions traversée. Après quatre semaines, nous approchions d'une zone faisant déjà l'objet d'un relevé cartographique. Apparemment, l'expédition et notre film allaient se conclure sans résultat satisfaisant.

Et puis, un matin, je me suis réveillé sous ma tente et j'ai aperçu dehors un groupe de petits hommes à quelques mètres de moi. Aucun ne devait mesurer plus d'un mètre cinquante. Ils étaient nus, en dehors d'une large ceinture d'écorce où était glissée une touffe de feuilles devant leur ventre et dans leur dos. Plusieurs avaient les parois du nez percées – avec des dents de chauves-souris, comme je l'ai découvert plus tard. Hugh, le cameraman, qui dormait toujours avec à portée de main son appareil prêt à tourner, était déjà en train de filmer. Les hommes nous regardaient avec de grands yeux, comme s'ils n'avaient encore jamais vu de créatures comme nous. Je ne devais pas avoir l'air moins abasourdi. Moi non plus, je n'avais jamais vu leurs pareils.

Non sans surprise, je me suis aperçu qu'il n'était guère difficile de communiquer avec eux. J'ai tenté d'expliquer avec des gestes que nous manquions de vivres. Ils ont pointé le doigt vers leur bouche en hochant la tête, puis ils ont ouvert leurs sacs pour nous montrer des racines, sans doute du taro, dont ils avaient fait la récolte. J'ai désigné les pains de sel que nous avions apportés et qui servent de monnaie d'échange dans toute la Nouvelle-Guinée. Ils ont approuvé de la tête : les affaires avaient commencé. Ensuite, Laurie leur a demandé les noms des rivières les plus proches. Ç'a été plus difficile à expliquer, mais ils ont fini par comprendre ce qu'il voulait et ont entrepris de les énumérer. Combien en connaissaient-ils ? Ils les ont comptées en touchant d'abord leurs doigts l'un après l'autre, puis en se tapotant à plusieurs reprises l'avant-bras, le coude, le reste du bras et enfin le côté du cou. En réalité, Laurie ne s'intéressait pas spécialement aux noms des rivières ou à leur nombre, il voulait connaître les gestes qu'ils faisaient pour compter. Comme il connaissait les gestes en usage dans d'autres groupes de la région, ceux de ces petits hommes lui apprendraient les éventuelles relations commerciales qu'ils pouvaient entretenir.

Après une dizaine de minutes, nos visiteurs se sont mis à agiter les bras en roulant des yeux pour montrer qu'ils allaient prendre congé. Nous avons agité les bras à notre tour, en tentant de leur suggérer de revenir le matin suivant avec d'autres vivres. Sur quoi, ils sont partis.

Le lendemain matin, ils sont revenus avec de nouvelles racines, comme nous l'avions espéré. Nous avons demandé si nous pourrions voir leur campement, et peut-être rencontrer leurs femmes et leurs enfants. Après un moment de confusion, qui révélait peut-être leur réticence, ils ont hoché la tête et nous ont emmenés dans la forêt. Nous les suivions à quelques mètres de distance. Notre progression était difficile, tant la végétation était dense. En faisant le tour du tronc d'un arbre gigantesque, nous les avons perdus de vue. Quand nous sommes arrivés de l'autre côté, ils avaient disparu. Nous avons appelé, mais sans obtenir de réponse. Étions-nous tombés dans une embuscade ? Nous ne savions que penser. Après avoir encore appelé quelques minutes, nous avons rebroussé chemin et sommes rentrés au camp.

J'avais entrevu la façon dont tous les humains avaient vécu jadis – en petits groupes qui trouvaient tout ce dont ils avaient besoin dans le monde naturel autour d'eux. Les ressources qu'ils exploitaient se renouvelaient d'elles-mêmes. Ils ne produisaient pas de déchets, ou très peu. Leur mode de vie était durable, en harmonie avec leur environnement, et aurait pu perdurer à jamais sans aucun problème.

Quelques jours plus tard, j'étais de retour au XXe siècle, derrière mon bureau de la BBC.

1978

POPULATION MONDIALE : 4,3 MILLIARDS
CARBONE DANS L'ATMOSPHÈRE : 335 PPM
MONDE SAUVAGE SUBSISTANT : 55 %

BBC2 avait lancé l'idée d'un format particulièrement ambitieux : une série de treize émissions durant entre cinquante minutes et une heure et traitant d'un sujet important. La première de ces séries devait démontrer la grande qualité du nouveau système de couleur adopté par la BBC en présentant les peintures, les sculptures et les édifices les plus beaux et célèbres qu'on eût produits en Europe au cours du dernier millénaire. Elle était écrite par un historien de l'art, Sir Kenneth Clark, et il fallut trois ans pour la réaliser. Elle fut regardée par deux millions et demi de spectateurs en Angleterre, et par le double aux États-Unis. L'accueil de la critique fut enthousiaste. Devant un tel succès, je mis aussitôt en route une suite. Cette fois, il s'agirait de retracer l'histoire de la science occidentale. Puis une autre série fut consacrée au bicentenaire de la fondation des États-Unis, et il y en eut encore d'autres. Cependant, il était clair à mes yeux que ce format devrait servir également à raconter la plus extraordinaire de toutes les histoires – celle de la vie elle-même. On ne pouvait rêver programme plus instructif, et je mourais d'envie de le réaliser moi-même. Mais cette tâche

Une mère paresseux tridactyle
et son petit suspendus à un arbre
près du lac Gatun, Panama

ne pouvait se concilier avec un autre emploi. De toute façon, cela faisait maintenant huit ans que je jouais les administrateurs, il me semblait que c'était suffisant. Je décidai donc de quitter une nouvelle fois la BBC puis de proposer l'idée à mon successeur.

Tout se déroula comme prévu. La série fut acceptée. Je l'appelai : *La Vie sur la Terre* (*Life on Earth*). Il me fallut un certain temps pour réunir une équipe de production. J'écrivis plus ou moins d'une traite les textes des treize épisodes. On engagea des équipes de tournage de façon à filmer au moins six cents espèces animales différentes dans une trentaine de pays. J'apparaîtrais parfois à l'écran, pour poser le décor, élucider des questions théoriques compliquées, introduire de nouveaux sujets ou expliquer comment nous passions d'un continent à un autre au cours d'une émission afin d'assurer la continuité de l'histoire. Je devrais voyager avec une équipe aux quatre coins du monde. Il faudrait couvrir environ deux millions cinq cent mille kilomètres pour tourner la série – deux longs périples autour du globe pour moi, et un labeur incessant pour six équipes de tournage, dont chacune devrait partir plusieurs mois d'affilée. Nous aurions également besoin de séquences si difficiles à obtenir qu'il serait préférable de recourir à des cameramans spécialisés pour filmer certains sujets – le plancton océanique, les araignées, les colibris, les poissons de récifs coralliens, les chauves-souris et des dizaines d'autres. Retracer l'histoire de la vie constituait le plus grand projet auquel je me sois jamais affronté, et il devait occuper les trois prochaines années de ma vie. Une perspective excitante.

L'une des séquences essentielles de l'émission décrivant l'évolution des singes et des hominidés devait porter sur le développement du pouce opposable. C'est cette caractéristique morphologique qui permet à un singe d'attraper une branche – ou à un humain de manier un outil voire de tenir un stylo. Une telle aptitude a joué un rôle crucial dans l'essor de notre propre espèce et de nos civilisations. Pour illustrer ce point, nous aurions pu choisir n'importe quelle espèce concernée, mais John Sparks, le réalisateur de cet épisode, décida qu'il serait plus spectaculaire de le faire en filmant des gorilles. Il avait découvert qu'une extraordinaire biologiste américaine, Dian Fossey, vivait avec un groupe de gorilles des montagnes, une espèce rare qu'on trouvait au Rwanda, un pays d'Afrique centrale. Elle les avait si bien habitués à la présence humaine que même des étrangers pouvaient les approcher, à condition d'être accompagnés par elle. Il prit contact avec elle. Les animaux qu'elle étudiait étaient sérieusement en danger. La population humaine du Rwanda s'accroissait à un rythme soutenu et les forêts de montagne où ils vivaient voyaient leurs arbres abattus par les indigènes pour augmenter la surface cultivée. Il ne restait plus que trois cents gorilles des montagnes. Leur apparition à la télévision attirerait peut-être l'attention sur leur situation critique. C'est dans cette pensée que Dian accepta de nous aider. En janvier 1978, nous nous sommes envolés pour le Rwanda.

Nous avons atterri à Ruhengeri, dont la piste minuscule était la plus proche du campement de Dian. De là, nous devions marcher encore plusieurs heures, en gravissant le versant du volcan, avant d'atteindre la forêt d'altitude où elle vivait.

David aux chutes de Kaieteur, Guyana,
tournage de *La Vie sur la Terre*

Nous avons été accueillis par Ian Redmond, un jeune scientifique qui travaillait avec elle. Il était porteur de très mauvaises nouvelles. Un jeune gorille que Dian connaissait depuis sa naissance et aimait particulièrement avait été retrouvé mort, horriblement mutilé. Des braconniers l'avaient abattu, puis lui avaient coupé la tête et les mains pour les vendre à des commerçants qui en feraient des objets souvenirs. Le chagrin de Dian était immense. Elle souffrait en outre d'une grave infection pulmonaire, qui la rendait incapable de quitter le campement. Malgré tout, elle ferait de son mieux pour nous aider.

L'ascension jusqu'au campement de la biologiste a été aussi longue qu'ardue. Quand nous sommes enfin arrivés, nous avons trouvé Dian couchée dans sa cabane, en train de cracher du sang. Manifestement, son état était critique, mais elle nous a assuré qu'elle allait assez bien pour nous conduire auprès de ses gorilles.

Le lendemain, elle était encore très faible, de sorte que c'est Ian qui nous a emmenés dans la forêt. Je n'avais jamais été dans un pays pareil. Des arbres tordus et rabougris, enveloppés de brume, dominaient des fourrés de céleri géant et d'orties nous arrivant aux épaules. Une fois que nous avons trouvé les traces des gorilles, il a été aisé de les suivre à travers ce sous-bois. Une heure plus tard, environ, nous avons entendu des craquements devant nous et compris que nous approchions. Tandis que nous avancions avec circonspection, Ian s'est mis à pousser une série de grognements pour avertir les gorilles de notre présence. Il était important de ne pas les prendre par surprise, autrement le mâle dominant aurait pu nous charger. Nous sommes parvenus dans une clairière et

Ian nous a dit de faire halte. Nous devions maintenant rester assis bien en évidence, afin que les gorilles nous voient. Dès qu'ils auraient compris que nous étions avec Ian, il était peu probable qu'ils prennent peur.

Après un bref repos, nous nous sommes remis en marche et avons bientôt rejoint un groupe familial de gorilles occupés à manger en arrachant de pleines poignées de végétaux. Nous nous sommes assis pour les observer, fascinés, jusqu'à ce qu'ils se lèvent au bout de quelques minutes et s'éloignent nonchalamment. Ian a déclaré qu'ils nous avaient acceptés. La prochaine fois, nous pourrions les filmer.

Le lendemain, toujours guidés par Ian, nous avons filmé à distance respectueuse les gorilles en train de chercher leur nourriture. Ils ne faisaient pratiquement pas attention à nous. Pour finir, John a suggéré que je dise quelques mots devant la caméra, pour expliquer ce qu'on ressentait à proximité de ces créatures. Nous nous sommes avancés lentement vers un groupe occupé à manger, et je m'en suis rapproché avec précaution jusqu'au moment où il m'a semblé qu'on les verrait à l'arrière-plan. Me tournant vers la caméra, j'ai pris la parole.

« Un regard qu'on échange avec un gorille est plus chargé de sens et de compréhension mutuelle qu'avec n'importe quel autre animal que je connaisse », ai-je commencé à voix basse. « Leur vue, leur ouïe, leur odorat ressemblent tellement aux nôtres qu'ils voient le monde comme nous à bien des égards. Nous vivons dans le même genre de groupe social, lié par des rapports familiaux d'une grande stabilité. Ils arpentent le sol comme nous, encore qu'ils soient d'une force bien supérieure à la nôtre. Si jamais il était possible d'échapper à la condition humaine et de se plonger par l'imagination dans le monde d'une autre créature, ce serait assurément le gorille. Leurs mâles sont incroyablement puissants, mais ils ne se servent de leur force que pour protéger leur famille et la violence est très rare au sein du groupe. Il semble donc vraiment injuste que l'homme ait pu choisir le gorille pour symboliser tout ce qui est agressif et violent, alors que c'est exactement ce qu'il n'est pas – et ce que nous sommes. »

Je voulais que les gens sachent que ces animaux n'avaient rien à voir avec les brutes féroces de la légende. Ils étaient nos cousins et nous aurions dû prendre soin d'eux. L'affreuse vérité, c'était que le processus d'extinction dont je voyais enfant les traces dans les roches se déroulait en cet instant même autour de moi et concernait des animaux qui m'étaient familiers – nos plus proches parents. Et nous en étions responsables.

Quand nous les avons retrouvés le lendemain, ils n'étaient pas loin de l'endroit où nous les avions laissés. Ils s'étaient établis sur une pente à l'autre bout d'un ruisseau. Martin Saunders installa sa caméra. Dicky Bird, le preneur de son, fixa un petit micro à ma chemise. John déclara que le moment était venu pour moi de dire quelques mots de l'importance du pouce opposable dans l'évolution.

J'ai descendu un talus jusqu'à un autre ruisseau, l'ai traversé et j'ai rampé en haut du talus d'en face, jusqu'à un endroit d'où il me semblait que les gorilles et moi serions visibles pour Martin et sa caméra. John m'a fait signe que tout allait bien. Mais avant que j'aie pu prononcer un mot, j'ai senti quelque chose sur ma tête. En me retournant, j'ai découvert qu'une énorme femelle gorille avait

David rencontre des gorilles des montagnes au Rwanda, tournage de *La Vie sur la Terre*.

émergé des fourrés juste derrière moi et avait posé sa main sur mon crâne. Elle a braqué sur moi ses yeux brun foncé, puis elle a retiré sa main de mon crâne et tiré sur ma lèvre inférieure pour inspecter l'intérieur de ma bouche. Les circonstances me paraissaient peu propices à un discours sur l'importance du pouce opposable pour l'évolution. À cet instant, quelque chose atterrit sur mes jambes. Deux gorillons s'étaient assis sur mes pieds et tiraillaient les lacets de mes chaussures.

Je ne saurais dire combien de minutes ou de secondes ce contact a duré. Probablement plusieurs minutes. J'étais fou de bonheur. Puis les gorillons en ont eu assez de mes lacets et se sont éloignés tranquillement. Leur mère les a regardés, s'est relevée à son tour pour les suivre.

Je suis retourné auprès de l'équipe de tournage, bouleversé d'avoir eu un privilège aussi extraordinaire.

Nous devions repartir le matin suivant. Quand nous avons dit au revoir à Dian, elle m'a fait promettre de réunir des fonds pour l'aider à protéger les créatures merveilleuses auxquelles elle tenait tant. Et c'est ce à quoi je me suis attelé, le lendemain de notre arrivée à Londres.

*
*   *

Nous avions filmé le plus gros primate du monde. Il me semblait maintenant que *La Vie sur la Terre* devrait inclure également des images de la plus énorme créature ayant jamais existé – une baleine.

Les grandes baleines ont été chassées pendant des millénaires par des hommes courageux en canoë, n'ayant pour toute arme qu'un harpon. Au début, le rapport de force penchait en faveur des baleines. Non seulement leurs chasseurs humains étaient des nains à côté d'elles, mais elles pouvaient plonger en quelques secondes pour s'échapper dans les profondeurs de l'océan. Au XXe siècle, cependant, le rapport de force s'est radicalement inversé. Nous avons inventé des techniques pour pister les baleines et les tuer avec des harpons à tête explosive. Des usines sur terre ou sur mer étaient capables de traiter en un jour plusieurs carcasses géantes. La chasse à la baleine était devenue industrielle. À l'époque de ma naissance, on tuait cinquante mille baleines par an pour fournir un marché prospère utilisant leur huile, leur viande et leurs os.

Les premières baleines ont évolué à partir d'animaux terrestres. La taille de ces derniers est limitée mécaniquement par la robustesse de l'ossature : au-dessus d'un certain poids, les os se brisent. En revanche, les animaux marins sont soutenus par la mer, de sorte que les baleines peuvent atteindre une taille bien supérieure à celle de n'importe quel animal terrestre. C'est ce qui s'est passé. Leurs narines se sont déplacées au sommet de leur tête, leur queue et leurs membres antérieurs sont devenus des nageoires, tandis que leurs membres postérieurs finissaient par disparaître. Pendant des dizaines de millions d'années, elles ont constitué des participantes importantes de l'écosystème complexe des océans, qu'elles étaient des centaines de milliers à sillonner en tous sens.

La vie au large des océans est limitée par le problème de la disponibilité en ressources nutritives. Quand les conditions sont propices, des plantes et des animaux vivent dans les eaux de surface.

À leur mort, ils tombent sans interruption vers le fond sous la forme de « neige marine ». Là où les nutriments font défaut, les eaux de surface des océans peuvent être presque stériles. De même que les plantes terrestres ont besoin d'engrais autant que d'eau et de soleil, le phytoplancton, qui constitue le fondement photosynthétique du réseau trophique des océans, a besoin pour prospérer de composés azotés dans les eaux de surface éclairées par le soleil. Il existe des endroits dans l'océan où la neige marine décomposée est agitée et portée vers la surface par les courants circulant au-dessus des montagnes et des dorsales sous-marines, de sorte que le phytoplancton, et donc les populations de poissons, peuvent s'épanouir. Mais sans les baleines, le reste de l'océan ne serait qu'un immense désert bleu. Elles sont si grosses que, quand elles plongent pour se nourrir dans les profondeurs ou remontent pour respirer, elles provoquent d'énormes remous dans l'eau autour d'elles, ce qui aide à maintenir les nutriments près de la surface. Et quand elles défèquent, elles enrichissent aussi grandement les eaux environnantes. Il est maintenant reconnu que cet effet de « pompe », pour reprendre un terme souvent employé, joue un rôle essentiel pour le maintien de la fertilité des eaux océaniques. En fait, on pense aujourd'hui que les baleines apportent à la surface des eaux dans certaines parties de l'océan des quantités de nutriments plus importantes que celles déversées par les fleuves[9]. L'océan de l'Holocène avait besoin de ses baleines pour rester productif. Au XXe siècle, les hommes en ont tué près de trois millions[10].

Les baleines ne peuvent résister longtemps à un tel niveau de chasse. Leur espérance de vie est potentiellement très longue. Les cachalots peuvent vivre soixante-dix ans. Les femelles n'atteignent leur maturité sexuelle qu'à neuf ans. La gestation dure plus d'un an et l'intervalle entre les naissances est de trois à cinq ans. À mesure que la pêche industrielle devenait plus efficace, on sélectionnait si possible les animaux les plus gros, car c'étaient les plus profitables. Les baleines ne pouvaient se reproduire assez rapidement pour compenser les morts.

En développant notre projet de *La Vie sur la Terre*, nous avons découvert qu'apparemment personne n'avait encore filmé une baleine bleue vivante en plein océan. Nous voulions y remédier, mais dans les années 1970 la population de ces baleines avait été réduite à quelques milliers, alors qu'on l'estimait à 250 000 avant le début de la pêche industrielle. Comme elles vivaient disséminées dans les immensités de l'océan et étaient encore traquées par les chasseurs, il était pratiquement impossible d'en trouver.

Du coup, nous nous sommes mis en quête de baleines à bosse. Nous avions dans notre matériel un outil supplémentaire qui nous aiderait à les dénicher : un hydrophone. À la fin des années 1960, Roger Payne, un biologiste américain, avait interrompu ses études sur les ultrasons émis par les chauves-souris pour enquêter sur des déclarations émanant de l'US Navy à propos de chants qu'on entendrait dans l'océan. La Navy avait établi des postes d'écoute afin de repérer les sous-marins soviétiques, mais on avait détecté en plus du bruit caractéristique des hélices comme d'étranges sérénades. Payne découvrit que ces chants provenaient pour l'essentiel des baleines à bosse, dont cinq mille spécimens environ vivaient encore à l'époque. Ses enregistrements révélaient que les chants des baleines étaient longs et complexes, et d'une fréquence si basse que leur portée dans l'eau pouvait être de plusieurs centaines de kilomètres. Les baleines à bosse vivant dans une même région de l'océan apprennent chacune le chant des autres. Chaque chant possède son propre thème, sur lequel chaque mâle improvise ses propres variations, lesquelles changent avec le temps. On pourrait presque dire que les baleines ont une culture musicale.

Payne publia ses enregistrements sur des vinyles dans les années 1970. Ils devinrent si populaires qu'ils transformèrent la perception du public quant aux baleines. Ces créatures, qui n'étaient guère considérées que comme une source d'huile animale, devinrent d'un coup des personnalités. Leurs chants mélancoliques furent interprétés comme des appels au secours. Dans le climat politique électrique des années 1970, on assista soudain à une prise de conscience collective d'une grande puissance. Quelques passionnés entamèrent une campagne contre la chasse à la baleine, qui toucha bientôt un large public. Au cours de notre histoire, les humains avaient souvent chassé des animaux au point de provoquer leur extinction, mais cette fois la chasse était bien visible sur les images tremblantes ramenées par de courageux cinéastes amateurs, et elle semblait maintenant inacceptable. On ne pouvait plus cacher la surface ensanglantée des océans, la boucherie des navires-usines. Tuer les baleines n'était plus une manne économique mais un crime.

Personne ne voulait que des espèces animales s'éteignent. En devenant plus conscients du monde naturel, les gens s'y attachaient davantage. Et la télévision était un moyen de favoriser cette prise de conscience dans le monde entier.

*
* *

Au terme de trois années de travail, *La Vie sur la Terre* fut diffusé en 1979. La série fut vendue dans cent pays à travers le monde et son audience estimée à cinq cent millions de téléspectateurs. Elle s'ouvrait sur une introduction que j'avais appelée « L'infinie variété », un large panorama de la diversité des plantes et des animaux, afin d'établir le point de départ de la série, à savoir que la variété est essentielle à la vie. Après onze autres épisodes exposant les péripéties du processus qui permit une telle variété, le treizième et dernier était centré sur une unique espèce – la nôtre.

Je ne voulais pas suggérer que l'humanité était en quelque sorte séparée du reste du règne animal. Nous n'avons pas une place à part. Nous ne sommes pas le sommet définitif et prédestiné de l'évolution. Notre espèce n'est qu'un rameau parmi d'autres de l'arbre de la vie. Néanmoins, nous nous sommes affranchis d'une bonne partie des contraintes affectant les autres espèces. C'est pourquoi, dans le dernier épisode de la série, je me tenais sur la place Saint-Pierre, à Rome, entouré d'une foule énorme d'individus *homo sapiens* en provenance des quatre coins du monde, et j'essayais de faire le point.

« Vous et moi, déclarais-je, nous appartenons à l'espèce animale la plus répandue et la plus dominante sur la terre. Nous vivons sur la banquise polaire et dans les jungles équatoriales. Nous avons escaladé les plus hautes montagnes et plongé dans les profondeurs de la mer. Nous avons même quitté la Terre pour poser le pied sur la Lune. Parmi les animaux de grande taille, nous sommes assurément les plus nombreux, avec une population d'environ quatre milliards à ce jour. Et nous avons atteint cette position avec une rapidité fulgurante. Tout s'est passé au cours des deux derniers millénaires, ou à peu près. Il semble que nous soyons libérés des limitations régissant l'activité et le nombre des autres animaux. »

J'avais maintenant cinquante ans passés et il y avait deux fois plus d'humains sur la planète qu'à l'époque de ma naissance. Ils s'étaient de plus en plus séparés du reste de la vie terrestre, en menant une existence différente, exceptionnelle. Nous avions éliminé presque tous nos prédateurs. La plupart de nos maladies étaient sous contrôle. Nous étions parvenus à nous procurer de la nourriture à volonté et à vivre dans un grand confort. Contrairement à toutes les autres espèces dans l'histoire de la vie terrestre, nous n'étions plus soumis aux pressions imposées par l'évolution à travers la sélection naturelle. Notre corps n'avait guère changé en deux cent mille ans, mais notre comportement et nos sociétés s'étaient peu à peu détachés de notre environnement naturel. Nous n'avions plus de limites, plus rien ne pouvait nous arrêter. À moins que nous arrêtions de nous-mêmes, nous continuerions d'exploiter les ressources physiques de la terre jusqu'à ce qu'elles soient épuisées.

Les efforts courageux de Dian Fossey, les succès de la campagne contre la chasse à la baleine, l'opération de sauvetage de l'oie hawaiienne par Peter Scott, la réintroduction dans la nature de l'oryx arabe, la création de réserves pour les tigres en Inde – tout ce travail accompli par un nombre croissant de défenseurs passionnés de l'environnement, récoltant des fonds et prônant des politiques de protection d'espèces précieuses, ce ne serait pas suffisant. Et comme l'*homo sapiens* voulait toujours davantage, l'étape suivante était inévitable. Des habitats entiers allaient bientôt commencer à disparaître.

1989

POPULATION MONDIALE : 5,1 MILLIARDS
CARBONNE DANS L'ATMOSPHÈRE : 353 PPM
MONDE SAUVAGE SUBSISTANT : 49 %

J'ai vu mon premier orang-outan le 24 juillet 1956, lors du troisième voyage que j'ai fait pour *Zoo Quest*. C'était une rencontre mémorable, ma première prise de contact avec un grand singe sauvage – un mâle gigantesque, au pelage roux, qui se balançait aux branches en m'observant avec un intérêt mêlé apparemment d'un certain dédain. Le film où il figure était loin d'être parfait, car il était à moitié caché et en contre-jour, mais la télévision n'avait encore jamais montré d'images d'un orang-outan dans la nature, à ce que je savais. Des chasseurs indigènes de la *longhouse* où nous séjournions au bord du fleuve Mahakam, dans l'est de Bornéo, l'avaient trouvé pour nous. Alors que nous repartions, l'un des indigènes lui tira dessus avec son fusil. Je me retournai, indigné. Pourquoi avait-il fait une chose pareille ? Il me répondit que ces grands singes pillaient les récoltes avec lesquelles il nourrissait sa famille. De quel droit pouvais-je lui dire qu'il ne devrait pas agir ainsi ?

Les forêts pluviales sont des habitats précieux, qui abritent la plus grande biodiversité au monde. Plus de la moitié des espèces terrestres de la planète se trouvent dans leurs profondeurs verdoyantes.

Femelle orang-outan au parc national
de Tanjung Puting, Kalimantan, Bornéo

Elles poussent dans les contrées humides des tropiques, où abondent les deux ressources dont presque toutes les plantes ont besoin : l'eau douce et la lumière du soleil. Près de l'équateur, le soleil brille douze heures par jour, avec une telle régularité qu'il n'y a pratiquement pas de saisons. Les courants atmosphériques accumulent de l'eau dans toutes les zones tropicales et déversent sur la forêt plus de quatre mètres de pluie par an. En outre, elle fait circuler sa propre humidité, en provenance des feuilles innombrables dont la transpiration s'élève comme une brume chaque matin, quand la chaleur du soleil est à son comble, avant de retomber finalement sous forme de pluie.

En raison de ces conditions idéales pour les plantes, la compétition pour se faire une place y est plus acharnée que partout ailleurs. Des arbres gigantesques, se dressant à quarante mètres du sol, étendent dans toutes les directions leurs branches énormes pour capter la lumière. Ils créent ainsi un véritable habitat en trois dimensions, ce qui est très rare sur la terre ferme. Sous la voûte imposante des feuillages, les branches servent de voies de circulation pour les créatures incapables de voler. Plus bas, sur le sol obscur, un enchevêtrement d'énormes racines et de filaments minuscules assure la stabilité des troncs géants. Des milliers d'autres plantes adoptent une multitude de techniques pour survivre. Certaines s'élèvent pour conquérir une place au soleil, en grimpant le long des troncs. D'autres s'établissent sur les branches massives, où des oiseaux ont peut-être déposé leurs graines. La vie ne grouille pas moins près du sol, dans la relative obscurité, en une croissance lente se nourrissant des ressources que peut offrir un épais tapis de feuilles mortes.

Et les animaux sont partout dans cette végétation. Les espèces petites l'emportent de beaucoup en nombre sur les grandes. Invertébrés, petits mammifères et oiseaux prolifèrent, occupés à manger les graines, ronger l'écorce, sucer la sève, lécher les fleurs, cueillir les fruits, découper les feuilles. Leurs existences interdépendantes ne manquent jamais d'émerveiller le naturaliste s'efforçant de démêler leur écheveau. On y trouve des guêpes qui passent l'essentiel de leur vie dans des figues minuscules, des thrips qui s'abritent dans des fleurs, des têtards qui nagent dans les urnes de népenthès, des lézards se camouflant avec des lambeaux de peau de façon à être complètement invisibles sur un tronc tant qu'ils ne bougent pas. Dans les forêts tropicales, l'évolution semble prise d'une folie d'innovation et d'expérimentation.

L'absence de saisons sous les tropiques donne à la forêt un caractère intemporel, qui favorise la biodiversité. Les plantes, ne dépendant pas d'un calendrier climatique, peuvent à tout moment produire leurs fleurs, leurs fruits et leurs graines. Certains arbres portent des fruits plus ou moins en permanence. D'autres grandissent pendant des mois voire des années entre des accès où ils fleurissent et fructifient avec frénésie. La pollinisation, la consommation de fruits et la récolte de graines ne sont donc pas des activités saisonnières dans les forêts tropicales comme dans celles des zones septentrionales ou méridionales du globe. La nourriture est disponible à longueur d'année, et d'innombrables animaux appartenant à toutes sortes de groupes profitent de cette manne. La plupart de ces millions d'espèces ont des effectifs réduits et une extension limitée. Beaucoup se sont spécialisées à l'extrême. Certains insectes peuvent vivre sur une unique espèce de plante, laquelle ne se trouve que sur un arbre particulier. D'où une complexité déconcertante d'interconnexions, où chaque espèce constitue une composante indispensable du tout.

L'orang-outan qui a tellement hanté ma mémoire en est un exemple. Les membres de cette espèce vivent disséminés dans les forêts de Bornéo et de Sumatra, mais ils jouent un rôle déterminant dans la dispersion des graines d'un grand nombre d'arbres. Les mères orangs-outans passent dix ans avec leur unique rejeton, auquel elles enseignent quand et comment récolter des dizaines de fruits différents. Comme ce sont des animaux imposants et presque exclusivement végétariens, ils en consomment une grande quantité chaque jour et doivent se déplacer continuellement à la recherche de fruits mûrs. Soit ils recrachent les graines sur-le-champ, soit ils les transportent dans leur estomac pendant des jours avant de les expulser, sous forme de boules de fertilisant, des kilomètres plus loin. Ces deux méthodes augmentent les possibilités de germination des graines, et il arrive qu'elles soient un élément essentiel pour y parvenir.

L'étonnante variété d'espèces d'arbres dans les forêts tropicales constitue le socle de leur grande biodiversité. C'est aussi cette caractéristique que nous sommes en train de supprimer. Je me suis rendu bien des fois dans les forêts d'Asie du Sud-Est pour diverses émissions au fil des ans. À partir des années 1960, la Malaisie puis l'Indonésie ont commencé à remplacer la diversité vertigineuse des arbres de la forêt pluviale par une unique espèce : le palmier à huile. Il y avait deux millions d'hectares de plantations de palmiers à huile en Malaisie lorsque je m'y rendis en 1989 pour une série appelée *Trials of Life* (*Les Épreuves de la vie*). Je me souviens avoir voyagé le long d'un fleuve à la recherche de nasiques. Nous étions entourés de l'habituelle muraille de feuillages verts, d'où jaillissaient presque continuellement des oiseaux. Je me suis laissé aller à croire que tout allait bien, mais quand nous avons survolé la région au retour, j'ai vu la réalité de la forêt – une bande de moins d'un kilomètre de largeur bordant le fleuve, si étroite et exposée qu'elle devait sans aucun doute se dégrader de jour en jour. Au-delà s'étendait, aussi loin que portait mon regard depuis l'avion, une multitude d'arbres d'une unique espèce – des palmiers à huile alignés comme un régiment.

Il était très difficile d'accepter la disparition de cette forêt aussi riche que remarquable. Les habitants de l'Asie du Sud-Est faisaient simplement la même chose que ce que nous avons fait en Europe et en Amérique du Nord. Des images par satellite de ces deux derniers continents montrent aujourd'hui un paysage consistant en quelques îlots de forêt vert sombre entourés d'immenses espaces de champs cultivés. En réalité, les humains ont toujours eu deux raisons d'abattre les forêts. Ils tirent d'abord profit du bois, puis de la mise en culture des terres défrichées. On ne saurait s'étonner si *homo sapiens* est un destructeur de forêts aussi résolu et efficace. On estime que le monde compte à présent trois trillions d'arbres de moins qu'au début de la civilisation humaine[11]. Ce qui se passe aujourd'hui n'est que le dernier épisode d'un processus mondial de déforestation à l'œuvre depuis des millénaires.

C'est maintenant le tour des forêts tropicales. Et comme dans tous les domaines depuis la seconde moitié du XXe siècle – la seconde moitié de ma vie –, nous travaillons à une échelle et avec une rapidité ne cessant d'augmenter d'année en année. La moitié des forêts tropicales du monde ont déjà disparu. La population d'orangs-outans de Bornéo ne peut vivre sans la forêt, et elle s'est réduite des deux tiers depuis ma première rencontre avec l'un d'eux, voilà un peu plus de soixante ans[12]. S'il est encore aisé de trouver et de filmer des orangs-outans, ce n'est pas qu'ils soient abondants mais que la plupart d'entre eux vivent désormais dans des réserves et des centres de réadaptation entretenus par des défenseurs de la nature alarmés par leur raréfaction accélérée.

Nous ne pouvons continuer indéfiniment d'abattre les forêts tropicales. Or tout ce que nous ne pouvons faire indéfiniment est, par définition, non durable. Si nous persistons dans une entreprise non durable, les dégâts s'accumulent au point que le système tout entier finit par s'effondrer. Aucun habitat, si vaste soit-il, n'est invulnérable.

Plantation de palmiers à huile, Malaisie

1997

POPULATION MONDIALE : 5,9 MILLIARDS
CARBONE DANS L'ATMOSPHÈRE : 360 PPM
MONDE SAUVAGE SUBSISTANT : 46 %

Le plus grand de tous les habitats est l'océan. Il couvre plus de 70 % de la surface de la Terre, mais du fait de sa profondeur il constitue 97 % de l'espace habitable de notre planète. La vie terrestre a presque certainement commencé là, sans doute sous la forme de microbes vivant autour de jets d'eau chaude jaillis de fissures dans le plancher océanique, à plusieurs kilomètres de la surface. Pendant trois milliards d'années, la sélection naturelle a agi sur de telles cellules simples et isolées, en perfectionnant leur fonctionnement interne. Il fallut un milliard et demi d'années pour que des cellules atteignent une structure d'une complexité comparable à celles dont nous sommes faits, et un autre milliard et demi d'années pour que ces cellules s'assemblent et fonctionnent de façon coordonnée, comme c'est le cas dans un organisme multicellulaire[13].

Les premiers microbes marins avaient un métabolisme qui rejetait résiduellement du méthane. En remontant à la surface, il transforma peu à peu l'atmosphère terrestre. La terre était alors nettement plus froide qu'aujourd'hui. Le méthane est un gaz de serre vingt-cinq fois plus puissant que

Doug Allan filme un groupe de bélougas
pour *La Planète bleue*.

le dioxyde de carbone. Sa présence entraîna un réchauffement de la planète, ce qui aida la vie à proliférer.

Plus tard, des organismes microscopiques appelés cyanobactéries commencèrent à réaliser la photosynthèse, en se servant de l'énergie solaire pour constituer leurs tissus. Le gaz de combustion de ce processus – l'oxygène – provoqua une révolution. Il devint le combustible de base permettant de tirer de l'énergie de la nourriture avec une efficacité accrue, ce qui prépara l'émergence de toute la vie complexe. Aujourd'hui encore, les cyanobactéries constituent une part importante du phytoplancton en suspension dans les eaux de surface des océans. Vous et moi, et tous les animaux avec qui nous partageons la terre ferme, nous descendons à l'origine de créatures marines. Nous devons tout à l'océan.

Vers la fin des années 1990, des réalisateurs du département d'histoire naturelle de la BBC proposèrent de tourner une série entièrement consacrée à la vie marine. Ils l'appelèrent *The Blue Planet* (*La Planète bleue*). De tous les endroits à filmer, les mers sont les plus compliqués et les plus coûteux. Et il existe peu d'espaces où il soit plus difficile d'obtenir des images du comportement animal. Le mauvais temps, la mauvaise visibilité dans l'eau, la simple difficulté de trouver des animaux dans les immensités en trois dimensions de l'océan, tout cela peut gâcher n'importe quelle journée de tournage. Mais l'océan offrait aussi de magnifiques opportunités pour ouvrir des perspectives aussi nouvelles qu'étonnantes sur le monde naturel. Le premier à les présenter à la télévision fut un biologiste viennois nommé Hans Hass qui, accompagné de son épouse, Lotte, filma la mer

Rouge. Il fut suivi par le commandant Cousteau, qui avait inventé le détendeur de plongée, lequel constitue toujours le dispositif essentiel permettant à des plongeurs de respirer sous l'eau. Pendant de longues années, il tourna infatigablement des films dans tous les océans du monde. Cependant, même après l'œuvre de ces pionniers, on avait à peine entrevu l'immense variété de la vie marine, qui dépasse infiniment celle de la vie terrestre.

Il fallut près de cinq ans pour réaliser *La Planète bleue*, qui mit à contribution presque deux cents lieux de tournage. Des cameramans spécialisés dans la prise de vues sous-marine filmèrent la parade amoureuse des seiches dans les récifs coralliens, des loutres de mer plongeant en quête de crustacés dans les forêts de kelp, des bernard-l'ermite se battant pour des coquilles vacantes, des centaines de requins-marteaux se rassemblant pour se reproduire près d'un mont sous-marin dans le Pacifique, et enfin, peut-être le tournage le plus difficile et le plus remarquable de tous, des espadons-voiliers et des thons rouges en train de chasser en plein océan. On recourut à un submersible spécial pour chercher des espèces nouvelles dans les plaines abyssales et regarder des myxines déchiqueter la carcasse d'une baleine grise. Ma contribution consistait dans les commentaires.

Une équipe utilisant un U.L.M. travailla pendant trois ans pour parvenir à filmer une baleine bleue qui sillonnait l'océan. Ce fut cette séquence qui ouvrit la série. On voyait enfin le plus gros animal ayant jamais existé sur notre planète, qu'on avait rarement observé vivant et dont on ne savait quasiment rien. Mais le plus grand triomphe de *La Planète bleue* fut peut-être les séquences des « boules d'appât », constituant des drames de la

Baleine bleue, *balaenoptera musculus*

nature aussi spectaculaires que ceux offerts par le Serengeti. Des thons encerclent ces rassemblements de poissons, en nageant autour pour qu'ils montent vers la surface en une boule énorme de créatures affolées. Puis ils passent à l'attaque, s'introduisent de tous côtés dans la boule à la vitesse de l'éclair. Des troupes de requins ou de dauphins s'élancent dans la mer écumeuse pour se joindre à la curée. Les dauphins attaquent par le bas, en enfermant la boule dans un réseau de bulles qui la comprime encore davantage. Alors qu'on croirait que ce tumulte touche à son terme, des Fous de Bassan arrivent, plongent dans les profondeurs et attrapent à pleins becs les poissons. Pour finir, une baleine peut encore survenir pour engloutir le restant de la boule dans sa bouche gigantesque.

Ce genre de frénésie autour d'une « boule d'appât » doit se produire des centaines de fois par jour dans les océans, mais personne n'avait encore observé ces scènes sous l'eau. Aucun autre événement naturel n'était aussi difficile à prévoir, et donc à filmer. En un sens, l'équipe faisait exactement la même chose que les thons, les dauphins, les requins et les Fous de Bassan. Il s'agissait d'attendre l'apparition soudaine d'un « point chaud » – une énorme masse de plancton se nourrissant de l'afflux de nutriments transportés du fond vers la surface par des courants ascendants. De telles formations attirent d'immenses bancs de petits poissons à des kilomètres de distance. Une fois qu'ils ont formé une « boule d'appât » suffisamment dense, les prédateurs passent à l'action et l'océan devient en un instant le théâtre d'une activité frénétique. Les équipes de cameramans tentant de filmer ce phénomène étaient constamment aux aguets, les yeux rivés sur l'horizon dans l'espoir de voir des oiseaux plongeurs ou des troupes de dauphins convergeant avec détermination vers un point. L'ensemble des équipes cumula quatre cents jours sans voir le moindre signe d'un tel événement. Et aux rares occasions où la mer s'anima enfin, les cameramans durent s'approcher de ces sites mouvants et plonger sous la masse des poissons avant qu'elle soit anéantie. C'était une opération à haut risque, mais quand elle réussissait, le résultat était d'une force dramatique incomparable.

Dans les années 1950, des bateaux de pêche commencèrent à s'aventurer en grand nombre dans les eaux internationales. Légalement, ils opéraient dans un *no man's land*, où l'on pouvait faire des prises sans aucune restriction. Au début, comme on pêchait dans des mers en grande partie inexploitées, les prises étaient abondantes. Mais au bout de quelques années, dans une zone donnée, les pêcheurs remontaient des filets presque vides. Les bateaux changeaient alors d'endroit. Après tout, l'océan n'était-il pas immense, pratiquement illimité ? En observant la quantité des prises au fil des ans, on constate que les stocks de poissons furent épuisés successivement dans toutes les parties de l'océan. Au milieu des années 1970, les seules zones vraiment profitables se trouvaient à l'ouest de l'Australie, au sud de l'Afrique, à l'est de l'Amérique du Nord et dans l'océan Austral[14]. Au début des années 1980, la pêche était devenue globalement si peu rentable que les pays possédant des flottes importantes durent les soutenir à coup de subventions, ce qui revenait à financer la surpêche*[15]. À la fin du XXe siècle, l'humanité avait éliminé 90 % des gros poissons dans tous les océans du globe.

Prendre pour cibles les poissons les plus gros et les plus chers cause des dégâts incommensurables. Non seulement on prélève des poissons au sommet de la chaîne trophique, comme le thon ou l'espadon, mais on élimine les spécimens les plus gros de chaque population – les plus grosses morues, les plus gros vivaneaux. Dans une population de poissons, la grosseur est importante. Le potentiel reproducteur d'une femelle est lié à sa masse. Des mères imposantes produisent incomparablement plus d'œufs. En prélevant tous les poissons dépassant une certaine taille, nous privons une population de ses reproducteurs les plus efficaces et ses effectifs ne tardent pas à s'effondrer. Dans les zones de pêche intensive, on ne trouve plus aucun gros poisson.

La pêche est un jeu du chat et de la souris que des générations de communautés de pêcheurs ont perfectionné le long des côtes d'un bout à l'autre du monde. Comme toujours, avec notre talent sans rival pour résoudre les problèmes, nous avons inventé une variété immense de techniques de pêche. Nous avons construit des navires adaptés à des mers et des conditions météorologiques spécifiques. Nous avons conçu des instruments de navigation, depuis les simples cartes jusqu'aux chronomètres de marine qui gardent leur précision dans les pires tempêtes. Pour prévoir l'apparition des « points chauds » de la vie marine, on peut recourir aux souvenirs de vieux pêcheurs ou à la technologie sophistiquée des sondeurs bathymétriques. Pour attraper les poissons, nous avons imaginé des filets s'enfonçant dans l'eau ou flottant sur les courants, d'autres qui encerclent un banc de poissons avant d'être remontés par la base, d'autres encore qu'on lance d'en haut sur la surface ou qui au contraire vont ratisser le fond de la mer. Nous avons mesuré la profondeur de l'océan entier, en dressant la carte de ses montagnes cachées et de ses plateaux continentaux, de sorte que nous savons où attendre. Nous opérons à bord de dinghies, de canoës et de bateaux capables de passer des mois au large, en tendant des filets sur des kilomètres d'océan et en remontant en une seule fois des centaines de tonnes de poissons.

Nous sommes devenus trop habiles à pêcher. Et nous n'y sommes pas parvenus graduellement mais d'un coup, comme dans le cas de la chasse à la baleine ou de la destruction des forêts tropicales. Des gains exponentiels sont caractéristiques de l'évolution culturelle. L'invention crée un effet d'accumulation. Si l'on combine le moteur Diesel, le GPS et le sondeur bathymétrique, les opportunités qu'ils créent ne font pas que s'additionner, elles sont multipliées. Toutefois, la capacité de reproduction des poissons est limitée. En conséquence, nous avons épuisé les ressources d'une bonne partie de nos eaux côtières.

Il est imprudent de prélever des populations entières de poissons dans le grand large. Les chaînes trophiques de l'océan fonctionnent de façon très différente de celles de la terre ferme. Sur cette dernière, les chaînes peuvent ne compter que trois maillons – de l'herbe au gnou au lion. Dans l'océan, il n'est pas rare que les chaînes aient quatre ou cinq maillons voire davantage. Le phytoplancton microscopique est mangé par le zooplancton presque invisible, lequel sert de pâture au fretin, qui à son tour est chassé par une série de poissons de plus en plus gros. C'est une telle chaîne complexe que nous avons sous les yeux avec les « boules d'appât », et elle se perpétue par un mécanisme d'autorégulation. Si jamais un poisson de taille moyenne disparaît parce que nous l'apprécions dans notre assiette, toutes les créatures figurant avant lui dans la chaîne trophique risquent de devenir trop abondantes, tandis que celles venant après mourront peut-être de faim puisqu'elles ne peuvent quant à elles se nourrir de plancton. Les explosions de vie aussi brèves que fragiles des « points chauds » se font plus rares. Les nutriments tombent du haut des eaux de surface et restent dans les ténèbres du fond – une perte sèche pour la communauté de la surface pendant des millénaires. Quand la vie se raréfie ainsi, l'océan commence à dépérir.

La vérité, c'est que nous avons été contraints avec le temps de devenir des pêcheurs de plus en plus efficaces du fait de notre croissance démographique. Chaque année, non seulement nous avons plus de bouches à nourrir, mais il y a moins de poissons à prendre. Des documents et des récits remontant à peine plus loin que les souvenirs des vivants, au XIXe siècle et au début du XXe, évoquent un océan que nous ne reconnaîtrions pas. On voit, sur de vieilles photos, des gens entourés de saumons jusqu'à la cuisse. Des témoignages de la Nouvelle-Angleterre mentionnent des bancs de poissons si énormes et si proches du rivage que les gens du cru n'avaient qu'à entrer dans la mer pour les attraper avec leurs fourchettes. En Écosse, des pêcheurs pouvaient remonter une ligne portant quatre cents hameçons et trouver des poissons plats au bout de presque tous[16]. Nos ancêtres pas si lointains n'avaient pas de matériel de pêche plus complexe que des hameçons et des filets de coton. À présent, nous peinons à faire des prises comestibles, avec une technologie qui leur aurait coupé le souffle.

Les poissons sont plus rares dans la mer actuellement. Nous ne nous rendons pas compte que c'est la conséquence d'un phénomène appelé syndrome de la référence changeante*. Chaque génération définit la normalité par la réalité qu'il vit. Nous estimons les possibilités de la mer d'après les populations de poissons que nous connaissons aujourd'hui, sans savoir ce qu'elles étaient autrefois. Nous attendons de moins en moins de l'océan, car nous n'avons jamais fait nous-mêmes l'expérience des richesses qu'il prodiguait et de ce qu'il pourrait un jour de nouveau nous offrir.

*

* *

Pendant ce temps, la vie marine déclinait également dans les eaux peu profondes. En 1998, une équipe de tournage de *La Planète bleue* fut confrontée à un phénomène peu connu à l'époque : les récifs coralliens perdaient leurs couleurs délicates pour devenir blancs. La première fois qu'on voit ce spectacle, on peut le trouver magnifique – les branches et les feuillages d'un blanc pur ont l'air de sculptures compliquées en marbre, mais on comprend vite qu'il s'agit en fait d'une tragédie. Ce qu'on regarde, ce sont des squelettes – les squelettes de créatures mortes.

Les récifs coralliens sont édifiés par des animaux minuscules appelés polypes, qui sont parents des méduses. Ils ont un corps simple constitué pour l'essentiel par un pédicule contenant un estomac et surmonté d'une bouche entourée de tentacules. Ces derniers possèdent des cellules venimeuses qui tuent des proies microscopiques et les amènent dans la bouche, laquelle se referme pendant que le polype digère sa prise avant de se rouvrir pour son repas suivant. Ces polypes du corail bâtissent des parois de carbonate de calcium pour protéger leur corps mou contre les prédateurs affamés. Ils finissent par former ainsi d'énormes structures solides, chaque espèce créant sa propre forme d'architecture. En grandissant ensemble, ils donnent naissance à d'énormes récifs. Le plus grand de tous, la Grande Barrière de corail, au large des côtes du nord-est de l'Australie, est visible de l'espace.

Explorer un récif corallien constitue une expérience de la vie sauvage fondamentalement différente de tout ce que j'ai pu connaître sur la terre ferme. Dès qu'on a plongé, on n'est plus prisonnier de la gravité. On peut se déplacer dans toutes les directions rien qu'en agitant les palmes à ses pieds. On a sous les yeux l'immensité multicolore du corail, aussi varié et splendide qu'une ville qu'on aperçoit du ciel et qui disparaît dans l'azur. En regardant mieux, on voit qu'elle est peuplée d'une foule de créatures extraordinaires – poissons aux vives couleurs, poulpes minuscules, anémones de mer, homards, crabes, crevettes transparentes, et toutes sortes d'êtres vivants dont on n'aurait jamais soupçonné l'existence. Ils sont tous d'une beauté fantastique et aucun, en dehors de ceux juste à côté de vous, ne vous prête la moindre attention. On flotte au-dessus d'eux, médusé. S'ils vous regardent et que vous restez immobile, ils s'approcheront peut-être et même vous mordilleront les gants.

Les récifs coralliens peuvent rivaliser avec les forêts tropicales en termes de biodiversité. Eux aussi constituent un milieu en trois dimensions, ce qui donne à la vie la même profusion d'opportunités qu'on trouve dans la jungle. Toutefois, leurs habitants sont nettement plus colorés et visibles. Quand on passe des semaines dans une forêt tropicale, comme cela m'est arrivé, on finit par chercher des perroquets et des fleurs rien que pour voir d'autres couleurs que des nuances de vert. Sur un récif grouille tout un peuple de petits poissons, crevettes, oursins, éponges et mollusques gastéropodes sans coquille appelés bien à tort limaces de mer. On croirait qu'ils ont tous été décorés par des écoliers pleins de fantaisie, dans une gamme variée de rose, d'orange, de violet, de rouge et de jaune.

Les couleurs des coraux ne sont pas dues aux polypes mais aux algues symbiotiques vivant dans leurs tissus. Appelées zooxanthelles, elles sont capables d'effectuer la photosynthèse comme d'autres plantes. En s'associant, les polypes et leurs locataires ont l'avantage de constituer une entité à la fois végétale et animale. Pendant la journée, ce conglomérat prend un bain de soleil, qui permet aux algues de produire grâce à la lumière des sucres fournissant aux polypes jusqu'à 90 % de l'énergie dont ils ont besoin. La nuit, les polypes continuent de capturer des proies, et leurs algues tirent de ces repas la nourriture qui leur est nécessaire pour accomplir leur propre tâche. De leur côté, les polypes agrandissent constamment leurs murailles calcaires en hauteur et en largeur, de sorte que la colonie reçoive toujours les rayons du soleil. C'est une relation aux avantages réciproques, qui a fait de mers chaudes peu profondes et pauvres en nutriments des oasis de vie. Mais l'équilibre de cette relation est précaire.

Le blanchissement constaté par les équipes de *La Planète bleue* est la conséquence du stress subi par les coraux, qui expulsent leurs zooxanthelles et mettent ainsi à nu la masse blanche de leurs squelettes en carbonate de calcium. Privés de leurs associées, les polypes s'étiolent. D'autres algues commencent à coloniser le site, en étouffant les squelettes des coraux. Le récif cesse alors d'être un pays de cocagne pour devenir, avec une rapidité inquiétante, un désert.

Au début, les causes de ce blanchissement étaient un mystère. Il fallut un moment aux scientifiques pour découvrir qu'il se produisait souvent quand l'océan se réchauffait à un rythme accéléré. Cela faisait un certain temps que des climatologues nous avertissaient que la planète allait se réchauffer si nous continuions de brûler des carburants fossiles, ce qui ajoutait à l'atmosphère du dioxyde de carbone et d'autres gaz à effet de serre. Un changement radical du niveau de carbone dans l'atmosphère caractérisait les cinq extinctions massives qu'avait connues la Terre dans son histoire et constituait un facteur majeur dans la disparition la plus massive d'espèces – l'extinction permienne, survenue voilà environ 252 millions d'années. La cause exacte de ce changement est controversée[17], mais nous savons que l'un des épisodes volcaniques les plus longs et les plus importants de l'histoire terrestre était monté en puissance pendant un million d'années, en recouvrant l'actuelle Sibérie sous deux millions de kilomètres carrés de lave. Il se pourrait que cette lave se soit répandue à travers les roches et ait atteint d'immenses gisements de charbon, lesquels s'étaient embrasés en répandant dans l'atmosphère une quantité de dioxyde de carbone suffisante pour faire monter la température terrestre de six degrés au-dessus des moyennes actuelles. L'acidité de tous les océans avait augmenté. Face au réchauffement, tous les systèmes marins avaient subi un stress. Dans les eaux devenues plus acides, les espèces marines aux coquilles calcaires, tels les coraux et une bonne partie du phytoplancton, s'étaient dissoutes purement et simplement. L'effondrement de l'ensemble de l'écosystème était alors inévitable. 96 % des espèces marines du globe disparurent.

Tandis que nous filmions *La Planète bleue* dans les années 1990, la première phase d'un phénomène analogue de mort des océans était en train de se dérouler. C'était une démonstration effrayante de notre aptitude nouvelle à exterminer des êtres vivants à grande échelle. De plus, nous y parvenions sans même pénétrer dans les mers. Ce n'était pas comme la destruction des forêts tropicales, où l'élimination des arbres était un dur labeur. Cette fois, nous endommagions des écosystèmes lointains dans le monde entier sans même être présents, rien qu'en changeant la température et la composition chimique des océans avec les retombées de nos activités à des milliers de kilomètres de là.

Il a fallu un million d'années d'une activité volcanique sans précédent pour empoisonner l'océan pendant le Permien. Nous avons commencé à obtenir le même résultat en moins de deux siècles. En brûlant des carburants fossiles, nous sommes en train de libérer en quelques décennies le dioxyde de carbone capté par des plantes préhistoriques au cours de millions d'années. Le monde vivant n'a jamais été en mesure d'affronter des augmentations importantes du taux de carbone dans l'atmosphère. Notre dépendance au charbon, au pétrole et au gaz était en passe de détruire l'équilibre bienveillant et modéré de notre environnement pour déclencher ce qui ressemblait fort à une extinction de masse.

Cependant, jusqu'aux années 1990, il existait peu de preuves solides de cette catastrophe imminente au-dessus des eaux. Alors que l'océan se réchauffait, la température globale de l'air avait été relativement stable. La conclusion était terrible : la température de l'air ne changeait pas car l'océan lui-même absorbait une bonne partie de l'excédent de chaleur dû au réchauffement mondial, ce qui occultait l'impact de notre action. Cet effet en trompe-l'œil n'en avait plus pour longtemps. Les coraux en train de blanchir étaient pareils aux canaris dans une mine de charbon, ils nous mettaient en garde contre une explosion prochaine. Pour moi, ç'a été le premier signe irréfutable que l'équilibre de la terre était menacé.

2011

POPULATION MONDIALE : 7 MILLIARDS
CARBONE DANS L'ATMOSPHÈRE : 391 PPM
MONDE SAUVAGE SUBSISTANT : 39 %

Les grands espaces sauvages aux deux extrémités de la terre, dans l'Arctique et dans l'Antarctique, constituèrent le sujet de la nouvelle série importante à laquelle je participais : *Terres de glace* (*Frozen Planet*). En 2011 déjà, la température moyenne du globe était de 0,8 °C plus chaude qu'à l'époque de ma naissance. Cela représente un changement d'une rapidité supérieure à tout ce qu'on a pu connaître dans les dix mille dernières années.

J'ai visité les régions polaires plus d'une fois pendant plusieurs décennies. Leurs paysages n'ont pas leurs pareils sur la terre et elles abritent des espèces adaptées à une vie dans des conditions extrêmes. Mais le monde était en train de changer. Nous nous sommes rendu compte que les étés arctiques devenaient plus longs. Le dégel commençait plus tôt et les gelées arrivaient plus tard. Des équipes de tournage découvraient des eaux libres de glace dans des contrées où ils s'attendaient à trouver la banquise. On pouvait maintenant se rendre en bateau dans des îles qui, quelques années plus tôt, étaient encerclées par les glaces. Les images satellites révélaient que l'étendue de la banquise estivale en Arctique avait diminué de 30 % en trente ans. Dans de nombreuses

Une orque guette un groupe de phoques crabiers,
extrait de *Terres de glace*.

régions du monde, les glaciers reculaient au rythme le plus rapide jamais enregistré[18].

En outre, le dégel estival s'accélérait. Comme la température de l'air augmente et que les eaux bordant la banquise se réchauffent, la glace fond plus vite. Et comme la glace fond, les étendues blanches aux deux extrémités de notre planète diminuent. Les mers sombres absorbent maintenant davantage de chaleur solaire, ce qui induit une réaction positive et accélère encore le dégel. La dernière fois que la terre a été aussi chaude qu'aujourd'hui, la surface des glaces était bien inférieure à ce qu'elle est encore. Il y a toujours un décalage dans le dégel – il commence lentement. Mais une fois qu'il sera lancé, il sera impossible de l'arrêter.

Notre planète a besoin de glace. Des algues vivent sous la glace, nourries par la lumière du soleil qui passe à travers. Elles-mêmes sont mangées par des invertébrés et de petits poissons. Ces derniers constituent à leur tour la base de la chaîne trophique aussi bien dans l'Arctique que dans l'Antarctique, dont les mers sont parmi les plus productives du monde et nourrissent baleines, phoques, ours, pingouins et de nombreuses espèces d'oiseaux. Nous aussi, nous profitons de cette fécondité du froid. Chaque année, des millions de tonnes de poissons sont pêchées dans les mers polaires au nord comme au sud et envoyées dans des marchés aux quatre coins du monde.

Les étés étant plus chauds aux pôles, les périodes sans banquise sont plus longues. Pour l'ours polaire, qui utilise la banquise comme une plateforme d'où chasser le phoque, les conséquences sont catastrophiques. Pendant l'été, les ours vagabondent paresseusement au long des plages de l'Arctique, soutenus par leurs réserves de graisse, en attendant le retour des glaces. À mesure que la période sans glace s'allongeait, les scientifiques ont constaté une tendance inquiétante. Les femelles pleines, ayant épuisé leurs réserves, donnaient naissance à des oursons plus petits. Il est très possible qu'une année l'été dure si longtemps que les oursons nés alors ne pourront survivre à leur premier hiver polaire. Dans ce cas, l'ensemble de la population d'ours polaire s'effondrera.

Des points de basculement* de ce genre sont légion dans les systèmes complexes de la nature. On atteint un seuil critique, souvent à l'improviste, ce qui engendre des changements soudains et radicaux, qui se stabilisent en un nouvel état des choses entérinant l'altération. Un retour en arrière risque d'être impossible, car les pertes auront été trop importantes, trop de composantes auront été déstabilisées. Le seul moyen d'éviter un tel désastre est de guetter les signaux d'alarme, tels que la diminution de la taille des petits d'ours polaires, de comprendre ce qu'ils signifient et d'agir rapidement.

Le long des côtes arctiques de la Russie, un autre signal d'alarme s'est déclenché. Les morses se nourrissent en grande partie de palourdes qu'on trouve sur certains fonds marins bien particuliers de l'Arctique. Entre leurs séances de pêche, ils se hissent sur la banquise pour se reposer. Toutefois, ces aires de repos ont littéralement fondu, de sorte qu'ils doivent maintenant nager vers des plages lointaines. Les endroits convenables étant rares, les deux tiers de la population de morses du Pacifique, soit des dizaines de milliers d'individus, se massent sur une unique plage. Du fait du manque de place, certains gravissent les pentes et se retrouvent au sommet de falaises. Ils voient très mal hors de l'eau, mais ils reconnaissent sans peine l'odeur de la mer au pied de la falaise et essaient alors de la rejoindre par le chemin le plus rapide. Il n'est pas facile d'oublier le spectacle d'un morse de deux tonnes se jetant dans le vide. Inutile d'être naturaliste pour comprendre qu'une évolution catastrophique est en cours.

Des morses du Pacifique en train de migrer
se sont hissés sur la côte sibérienne
dans l'Arctique russe, extrait de *Notre planète*.

2020

POPULATION MONDIALE : 7,8 MILLIARDS
CARBONE DANS L'ATMOSPHÈRE : 415 PPM
MONDE SAUVAGE SUBSISTANT : 35 %

Aujourd'hui, notre impact est vraiment mondial. Notre exploitation aveugle de la planète est en passe de modifier les fondamentaux du monde vivant. Voici la situation de la terre en 2020[19].

Nous prélevons chaque année plus de 80 millions de tonnes de fruits de mer et nous avons réduit 30 % des réserves de poissons à des niveaux critiques[20]. Presque tous les gros poissons de l'océan ont disparu.

Nous avons perdu la moitié des coraux d'eau peu profonde dans le monde et des phénomènes majeurs de blanchissement ont lieu presque chaque année.

Nos installations côtières et nos projets d'aquaculture* ont réduit de plus de 30 % la surface des mangroves et des herbiers marins.

Nos débris plastiques sont présents partout dans l'océan, depuis les eaux de surface jusqu'aux fosses les plus profondes. Actuellement, 1,8 trillion de fragments de plastique flottants constituent un gigantesque dépôt d'ordures au nord du Pacifique, où des courants provoquent un énorme tourbillon d'eau appelé gyre. Quatre autres gyres ont vu se former des accumulations similaires de débris dans d'autres zones océaniques.

Le plastique envahit les chaînes trophiques des océans et plus de 90 % des oiseaux de mer ont des fragments de plastique dans leur estomac. Aldabra est une réserve naturelle que très peu de gens sont autorisés à visiter. Quand je me suis rendu dans cet atoll en 1981, lors du tournage de *La Planète vivante*, les seuls débris flottants un peu considérables étaient les énormes noix de coco de mer. Récemment, une autre équipe de tournage a visité les lieux. Elle a trouvé des déchets humains partout sur les plages. Les tortues géantes vivant dans cet atoll, dont certaines ont plus de cent ans, doivent maintenant escalader des bouteilles de plastique, des bidons d'essence, des filets de nylon et du caoutchouc.

Aucune plage de la planète n'échappe à nos ordures.

Les systèmes des eaux douces sont aussi menacés que ceux des mers. Nous avons coupé le cours de presque tous les fleuves importants du globe, en construisant plus de cinquante mille barrages. Ces derniers peuvent également modifier la température de l'eau, ce qui affecte gravement les rythmes migratoires des poissons et leurs épisodes de reproduction.

Non contents de transformer les cours d'eau en dépotoirs pour nos ordures, nous les infestons d'engrais, de pesticides et de produits chimiques que nous répandons sur les terres qu'ils arrosent. Beaucoup font maintenant partie des milieux les plus pollués qu'on puisse trouver sur notre planète. Nous prélevons leur eau et nous en servons pour irriguer nos cultures, en réduisant si fortement leur niveau que certains fleuves n'atteignent plus la mer toute l'année.

Nous bâtissons dans des zones inondables et à l'embouchure des fleuves, et nous asséchons les milieux humides au point que leur superficie totale a été divisée par deux depuis ma naissance.

Notre emprise sur les écosystèmes d'eau douce a diminué le nombre des plantes et des animaux qui y vivent plus drastiquement que dans n'importe quel autre habitat. À l'échelle mondiale, nous avons réduit la taille de leur population animale de plus de 80 %. Le Mékong, par exemple, est un fleuve d'Asie du Sud-Est qui fournit un quart de tous les poissons d'eau douce pêchés dans le monde et apporte de précieuses protéines à soixante millions d'humains. Cependant, la conjonction des barrages, des prélèvements excessifs, de la pollution et de la surpêche a amené au fil des ans une diminution des prises non seulement en nombre mais en taille des poissons pêchés. Ces dernières années, certains pêcheurs ont dû recourir à des moustiquaires pour faire quelques prises comestibles.

Actuellement, nous abattons plus de 15 milliards d'arbres par an. Les forêts tropicales du globe ont vu leur superficie réduite de moitié. Le principal responsable de cette déforestation accélérée, qui double l'action des trois autres facteurs principaux, est la production de viande bovine. Le Brésil à lui seul consacre aux pâturages du bétail une superficie de 170 millions d'hectares, soit sept fois la taille du Royaume-Uni. Une grande partie de ces terres étaient occupées autrefois par des forêts tropicales. Le second responsable est le soja, dont la culture occupe quelque 131 millions d'hectares, dont une grande part en Amérique du Sud. Plus de 70 % de ce soja est destiné à l'alimentation du bétail élevé pour sa viande. Le troisième responsable est l'huile de palme, les plantations de palmiers à huile couvrant 21 millions d'hectares, essentiellement en Asie du Sud-Est[21].

Les forêts subsistantes sont terriblement fragmentées, tant elles sont entrecoupées de routes, de fermes et de plantations. Dans 70 % d'entre elles, la limite de la surface arborée se trouve de tous côtés à moins d'un kilomètre. Rares sont aujourd'hui les forêts sombres et profondes.

Le nombre des insectes a chuté globalement d'un quart rien qu'en trente ans. Dans les zones où l'usage des insecticides est massif, ce pourcentage est encore plus élevé. Des études récentes ont révélé que l'Allemagne avait perdu 75 % de ses insectes volants et que Porto Rico avait vu disparaître 90 % des insectes et des araignées vivant dans ses forêts vierges. Les insectes forment de loin le groupe le plus divers de toutes les espèces vivantes. Beaucoup sont des pollinisateurs, des maillons essentiels dans de nombreuses chaînes alimentaires. D'autres sont des prédateurs et jouent un rôle crucial pour empêcher les populations d'insectes herbivores de devenir un fléau[22].

La moitié des terres fertiles de la planète est maintenant consacrée à l'agriculture. Le plus souvent, nous en avons abusé. Nous les avons surchargées de nitrates et de phosphates, appauvries par le surpâturage et l'introduction de cultures inadaptées, inondées de pesticides en tuant au passage les invertébrés qui apportent la vie au sol. Nombreux sont les sols qui perdent leur couche arable et deviennent des terrains durs, stériles et déserts alors qu'ils constituaient de riches écosystèmes grouillant de champignons, de vers, de bactéries spécialisées et d'une foule d'autres micro-organismes. L'eau de pluie ruisselle sur eux comme sur du béton, ce qui contribue aux inondations excessives qui submergent aujourd'hui si souvent les régions où sévit l'agriculture industrielle.

De nos jours, 70 % des oiseaux de la planète sont domestiqués. Ce sont en grande majorité des poulets, dont nous mangeons chaque année 50 milliards à travers le monde. Il existe à tout instant 23 milliards de poulets vivants sur le globe. Une part importante reçoit une alimentation à base de soja, qui provient de zones victimes de la déforestation.

Fait encore plus étonnant, 96 % de la masse des mammifères de la terre est composée de nos corps et de ceux des animaux que nous élevons pour les manger. Notre propre masse représente un tiers du total. Nos mammifères domestiques – principalement les vaches, les cochons et les moutons – représentent un peu plus de 60 %. Le reste, à savoir tous les mammifères sauvages, des souris aux éléphants et aux baleines, ne fait que 4 % du total[23].

*

* *

Depuis les années 1950, les populations d'animaux sauvages ont été réduites de plus de moitié en moyenne. En repensant à mes premiers films, je me rends compte avec le recul que même si j'avais l'impression d'être en pleine nature et d'arpenter un monde sauvage intact, c'était une illusion. Ces forêts, ces plaines et ces mers étaient déjà en train de se vider. Parmi les grands animaux, nombreux étaient ceux qui se faisaient rares. En modifiant nos propres références, nous avons déformé notre

David à Tchernobyl

perception de la vie terrestre. Nous avons oublié qu'il existait jadis des forêts tempérées qu'il fallait des jours pour traverser, des troupeaux de bisons dont le passage durait quatre heures, des vols d'oiseaux si denses et immenses qu'ils obscurcissaient le ciel. Il y a quelques générations encore, ces choses étaient normales. Ce n'est plus le cas. Nous nous sommes accoutumés à une planète appauvrie.

Nous avons remplacé le monde sauvage par un monde apprivoisé. Nous considérons la Terre comme *notre* planète, gouvernée par l'humanité pour l'humanité. Il ne reste pas grand-chose pour le reste des créatures vivantes. La nature vraiment sauvage, cet univers non humain, a disparu. Nous avons envahi la terre.

J'ai passé ces dernières années à en parler partout où je le pouvais – aux Nations unies, au Fonds monétaire international, au Forum économique mondial, à des financiers de Londres, aux participants du festival de Glastonbury. Je préférerais n'être pas mêlé à ce combat, car je préférerais qu'il ne soit pas nécessaire. Mais j'ai eu dans ma vie une chance incroyable. Je me sentirais assurément coupable si, après avoir pris conscience des dangers, je choisissais de les ignorer.

Je dois faire un effort pour me rappeler les abominations que l'humanité a infligées à la planète de mon vivant. Après tout, le soleil continue de se lever tous les matins et le journal d'arriver dans la boîte aux lettres. Cependant, j'y songe presque chaque jour d'une façon ou d'une autre. Comme les malheureux habitants de Prypiat, nous dirigeons-nous les yeux fermés vers une catastrophe ?

DEUXIÈME PARTIE

Ce qui nous attend

J'ai peur pour ceux qui seront témoins des quatre-vingt-dix prochaines années, si nous continuons de vivre comme aujourd'hui. Les plus récentes connaissances scientifiques[1] suggèrent que le monde vivant est en passe de s'effondrer. En fait, il a déjà commencé à basculer, et ce processus devrait se poursuivre sur un rythme accéléré, de sorte que les effets de son déclin seront de plus en plus importants et lourds de conséquences à mesure qu'ils se succéderont. Tout ce sur quoi nous avions fini par compter, tous les services que l'environnement terrestre nous offrait gratuitement depuis toujours, pourraient s'amoindrir voire nous faire entièrement défaut. La catastrophe prévue serait infiniment plus destructrice que Tchernobyl ou n'importe quel désastre que nous ayons connu à ce jour. Son impact serait nettement plus grave que des terrains inondés, des ouragans plus violents et des incendies d'été. Elle réduirait de façon irréversible la qualité de vie de ceux qui devront l'affronter et des générations qui suivront. Quand l'effondrement écologique mondial sera devenu une réalité et que nous passerons à un nouvel équilibre, il se pourrait que l'humanité, pour le temps qu'il lui restera à vivre sur cette terre, habite une planète définitivement appauvrie.

L'ampleur dévastatrice de la catastrophe annoncée par la majorité des scientifiques étudiant l'environnement est la conséquence directe du traitement que nous sommes en train d'infliger à la planète. Après la Seconde Guerre mondiale, dans les années 1950, notre espèce est entrée dans ce qu'on a appelé la Grande Accélération*. Les mesures de l'impact et du changement induits par une foule de paramètres révèlent des évolutions d'une frappante similitude quand on trace leur courbe au fil du temps. Les tendances de nos activités peuvent être exprimées en termes de produit intérieur brut (PIB)*, consommation énergétique, consommation d'eau, construction de barrages, extension des télécommunications, tourisme, extension des terres agricoles. On peut analyser les modifications de l'environnement de bien des façons – en mesurant l'augmentation du dioxyde de carbone, de l'oxyde nitrique ou du méthane dans l'atmosphère, la température de la surface, l'acidification des océans*, le déclin des populations de poissons, la disparition des forêts tropicales. Mais quel que soit le paramètre mesuré, on obtiendra toujours à peu près la même courbe sur le graphique. Depuis le milieu du siècle, elle révélera un accroissement accéléré, une pente ascendante rapide, un graphique « en crosse de hockey ». Les courbes se succèdent, le résultat ne change pas. Cette croissance galopante caractérise notre existence contemporaine. C'est le modèle universel de la période de l'histoire dont j'ai été témoin sur la terre – l'explication en profondeur de toute la transformation que j'ai évoquée.

Mon témoignage est un récit à la première personne de la Grande Accélération.

En regardant tous ces graphiques – cette courbe indéfiniment répétée –, on se pose cette question évidente : comment cela peut-il durer ? Bien entendu, la réponse est que cela ne peut pas durer. Les microbiologistes disposent d'une courbe de croissance qui commence de la même manière, et ils savent comment elle se termine. Lorsqu'on place quelques bactéries sur une source de nourriture dans un récipient stérile hermétiquement clos, constituant un environnement parfait puisque libre de toute compétition et riche en nutriments, il leur faut un peu de temps pour s'adapter à ce nouveau milieu – c'est ce qu'on appelle la phase de latence*. Elle peut ne durer qu'une heure, ou quelques jours, mais au bout d'un moment elle s'arrête abruptement : les bactéries ont résolu le problème de l'exploitation des conditions offertes par le réceptacle et se mettent à se reproduire par division, en doublant leur population toutes les vingt minutes. C'est le début de la phase exponentielle*, où les bactéries se multiplient par vagues à la surface de la nourriture. Chaque bactérie occupe son propre terrain pour se procurer ce dont elle a besoin. Les écologistes appellent ce phénomène « compétition par mêlée » (*scramble competition*) – c'est la version du chacun pour soi chez les bactéries ! Ce genre de compétition ne se termine pas bien dans un système clos comme le récipient de nourriture. Quand la multiplication des bactéries atteint le seuil critique, chaque cellule individuelle commence à gêner toutes les autres au même moment. Leurs ressources nutritionnelles s'épuisent. Les gaz d'échappement, la chaleur et les effluents s'accumulent peu à peu et leur action toxique s'exerce à un rythme rapide. Les cellules se mettent à mourir, ce qui modère pour la première fois le taux de croissance de la population. Du fait de la dégradation de l'environnement, ces morts se multiplient elles aussi de façon exponentielle, de sorte que le taux de mortalité et le taux de natalité s'équilibrent bientôt. À ce stade, la population a atteint son pic et peut se stabiliser pour un temps. Cependant, au sein d'un système clos, une telle situation ne peut se pérenniser, elle n'est pas durable. La nourriture commence à manquer partout, l'accumulation de déchets devient mortelle dans le récipient et la colonie s'éteint aussi vite qu'elle est apparue. Pour finir, le récipient change complètement d'aspect. Il constitue maintenant un milieu sans ressources alimentaires, à l'environnement dévasté, torride, acide et toxique.

Du fait de la Grande Accélération, nous sommes aujourd'hui, avec nos activités et nos mesures d'impact, dans la phase exponentielle. Après des centaines de milliers d'années de latence, les humains semblent avoir résolu les problèmes pratiques de la vie sur terre au milieu du siècle dernier. Sans doute était-ce le résultat inéluctable de l'essor de l'ère industrielle, qui nous a permis de démultiplier les efforts d'un individu grâce à de nouvelles ressources énergétiques et techniques, mais il apparaît que le véritable déclencheur fut la fin de la Seconde Guerre mondiale. L'effort de guerre apporta lui-même une série d'avancées médicales, techniques, scientifiques et communicationnelles. La fin du conflit provoqua de nombreuses initiatives internationales, notamment les Nations unies, la Banque mondiale et l'Union européenne, toutes conçues pour unir le monde et faire en sorte que la société humaine travaille de façon globale et solidaire. De telles initiatives ont contribué à apporter une période sans précédent de paix relative – la Grande Paix –, ce qui nous a permis de mettre à profit notre liberté en accélérant toutes nos possibilités de croissance.

La courbe de la Grande Accélération nous donne la physionomie du progrès. Durant son règne, les marqueurs du développement humain ont remarquablement progressé pour la majorité d'entre nous – l'espérance de vie moyenne, le taux d'alphabétisation et le niveau d'éducation, l'accès aux soins, les droits de l'homme, le revenu par personne, la démocratie. C'est à la Grande Accélération qu'on doit les avancées dans le domaine des transports et des communications qui permirent ma carrière. L'expansion extraordinaire qu'ont connue toutes les branches d'activité depuis soixante-dix ans a exaucé bon nombre de nos désirs. Toutefois, nous devons reconnaître que tant d'avantages ont aussi un prix. Comme les bactéries, nous avons nos gaz d'échappement, nos acides et nos déchets toxiques. Et pour nous aussi, ce prix à payer augmente de façon exponentielle. Notre croissance galopante ne peut continuer indéfiniment – comme le montrent clairement les photos de la mission Apollo, la Terre est un système clos, exactement comme le récipient de la colonie de bactéries. Nous avons besoin d'urgence de savoir ce que peut encore supporter notre planète.

Certains travaux scientifiques parmi les plus importants de ces dernières années ont étudié la nature à l'échelle planétaire, afin d'obtenir ces informations. Une équipe de scientifiques éminents s'intéressant au « système Terre* », sous la direction de Johan Rockström et Will Steffen, ont mené l'enquête sur la résilience des écosystèmes à travers le monde[2]. Ils ont examiné avec soin les éléments ayant permis à chaque écosystème de fonctionner d'une façon aussi fiable pendant l'Holocène. À l'aide de modélisations, ils ont tenté de prévoir à quel moment ces écosystèmes commenceraient à manifester des défaillances. En fait, ils ont mis à jour les mécanismes internes et les faiblesses intrinsèques de la machine assurant l'équilibre de notre vie – un projet remarquablement ambitieux, qui a transformé notre vision du fonctionnement de la planète.

Ils ont découvert neuf seuils critiques inscrits dans l'environnement terrestre – neuf limites planétaires*. Si nous maintenons notre impact en deçà de ces seuils, nous restons dans un « espace de fonctionnement sécurisé » et notre existence peut être durable. Mais si nous poussons nos exigences au point de franchir l'une de ces limites, nous risquons de déstabiliser le mécanisme qui soutient la vie, d'affaiblir définitivement la nature et de la priver de son aptitude à préserver l'environnement propice et sûr de l'Holocène.

Dans la salle de commande de la Terre, nous tournons distraitement les molettes dans le sens de ces neuf limites, exactement comme cette malheureuse équipe de nuit à Tchernobyl en 1986. Le réacteur nucléaire avait lui aussi ses faiblesses intrinsèques et ses limites, dont l'équipe connaissait certaines mais ignorait les autres. Ils ont tourné les molettes à dessein, afin de tester le système, mais sans le respect nécessaire ni la conscience des risques qu'ils prenaient. Au bout d'un moment, la limite fut franchie, ce qui provoqua une réaction en chaîne qui déstabilisa toute la machine. Dès lors, ils ne pouvaient rien faire pour empêcher le désastre en cours – le réacteur

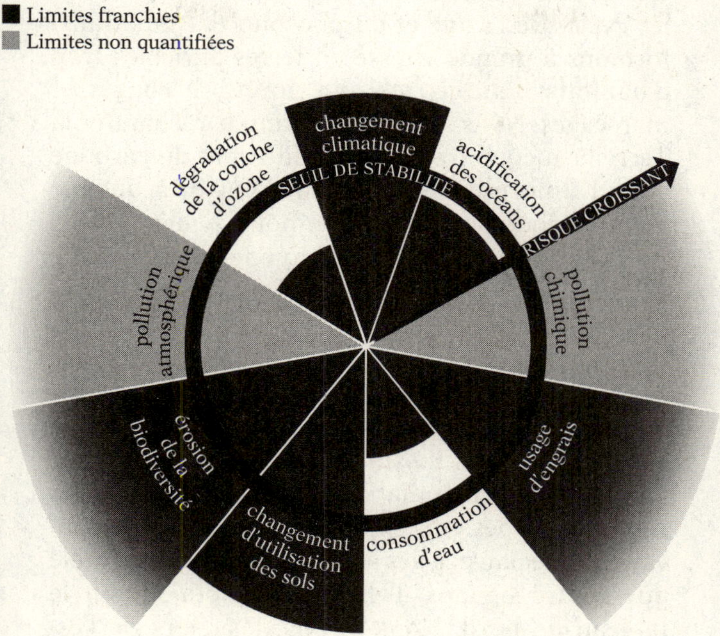

Modèle des limites planétaires

aussi fragile que complexe était maintenant condamné à la défaillance.

Actuellement, nos activités vouent la Terre à la faillite. Nous avons d'ores et déjà dépassé quatre des neuf limites. Nous polluons la planète avec une quantité excessive d'engrais, ce qui perturbe les cycles de l'azote et du phosphore. Nous transformons à grande vitesse en terres agricoles trop d'habitats naturels tels que forêts, herbages et marécages. Nous sommes en train de réchauffer la Terre beaucoup trop vite, en diffusant du carbone dans l'atmosphère plus rapidement qu'à aucune autre période de l'histoire de notre planète. Nous sommes à l'origine d'une érosion de la biodiversité dont le taux est plus de cent fois supérieur à la moyenne et n'est égalé que par celui des extinctions massives connues à travers le témoignage des fossiles[3].

On parle beaucoup du changement climatique, avec raison, mais il est maintenant évident que le réchauffement mondial dû aux activités humaines n'est qu'une des crises qui nous menacent. Le travail des spécialistes des sciences de la terre a révélé que quatre signaux d'alarmes clignotaient sur le tableau de bord. Nous vivons déjà hors de l'espace de fonctionnement sécurisé de notre planète. La Grande Accélération, comme toute explosion, risque d'avoir des retombées immenses, à savoir une réaction égale et opposée dans le monde vivant – un « Grand Déclin* ».

Les scientifiques prédisent que les dégâts ayant caractérisé l'époque où j'ai vécu seront éclipsés par ceux qui surviendront dans les cent prochaines années. Si nous ne changeons pas de cap, voici ce que pourraient vivre les humains nés aujourd'hui.

ANNÉES 2030

Après des décennies de déforestation forcenée et d'incendies illégaux dans le bassin de l'Amazone, dus à ceux qui désirent procurer plus de terres à l'agriculture, la forêt amazonienne pourrait avoir perdu 75 % de sa surface originelle à la fin des années 2030. Même si elle resterait immense, il se pourrait que l'Amazonie atteigne alors un point critique dont la conséquence serait un phénomène appelé dépérissement forestier*. La forêt devient soudain incapable, du fait de l'amoindrissement de ses feuillages, de produire assez d'humidité pour alimenter les nuages de pluie. Les parties les plus vulnérables de l'Amazonie se dégraderaient pour donner d'abord une forêt saisonnière, ensuite une savane. Le déclin s'étend de lui-même – le dépérissement forestier engendre la mort de portions supplémentaires de la forêt. On annonce donc un assèchement rapide et dévastateur de l'ensemble du bassin de l'Amazone[4]. L'érosion de la biodiversité sera catastrophique. L'Amazonie abrite un dixième de toutes les espèces connues de la planète, ce qui signifie qu'il y aura d'innombrables extinctions localisées, lesquelles provoqueront des effets dominos d'un bout à l'autre de l'écosystème. Toutes les populations sauvages seront durement affectées, car chaque individu aura des difficultés croissantes pour se nourrir ou se reproduire.

Des espèces qui auraient pu fournir des médicaments, des aliments nouveaux et des applications industrielles disparaîtront peut-être avant même que nous connaissions leur existence. Mais la perte pour l'humanité serait beaucoup plus grave et concrète. Nous perdrions un grand nombre de bienfaits environnementaux que l'Amazonie prodigue depuis toujours. Les inondations deviendraient fréquentes et imprévisibles dans le bassin, à mesure que les arbres mourraient et laisseraient s'échapper dans le fleuve le sol qu'ils retiennent entre leurs racines. Trente millions de personnes devraient quitter le bassin, y compris près de trois millions d'indigènes. La modification de l'humidité atmosphérique réduirait probablement les pluies sur la plus grande partie de l'Amérique de Sud, ce qui provoquerait des pénuries d'eau dans de nombreuses mégapoles et, paradoxalement, des sécheresses dans les terres agricoles créées par la déforestation. La production alimentaire au Brésil, au Pérou, en Bolivie et au Paraguay serait lourdement impactée.

Le plus grand bienfait de l'Amazonie pour l'environnement consiste dans les tonnes de carbone – plus de cent milliards – emprisonnées dans ses arbres tout au long de l'Holocène. Les feux de forêt de chaque nouvelle saison sèche risquent de libérer progressivement ce carbone dans l'atmosphère. En même temps, comme la forêt verra se réduire son aptitude à la photosynthèse, la quantité de carbone absorbée dans la région diminuera chaque année. Le supplément de dioxyde de carbone dans l'atmosphère ne pourra qu'accélérer le rythme du réchauffement mondial.

À l'autre bout de la Terre, on s'attend à ce que l'océan Arctique connaisse dans les années 2030 son premier été entièrement libre de glace[5]. Du coup, le pôle Nord pourrait se retrouver en eau libre. Même la glace pluriannuelle de certains fjords abrités, avec son épaisseur accrue par les gelées répétées, pourrait ne pas résister à la chaleur et disparaître peu à peu. Les forêts d'algues sous la banquise se retrouveraient dans l'eau, ce qui affecterait l'ensemble de la chaîne alimentaire de l'Arctique.

Cette diminution de la surface des glaces s'accentuerait au fil des ans, ce qui signifierait qu'une quantité moindre d'énergie solaire serait réfléchie dans l'espace et que le réchauffement mondial augmenterait de nouveau. L'Arctique commencerait à n'être plus en mesure de refroidir la planète.

ANNÉES 2040

Un nouveau point critique devrait être atteint quelques années après cet accroissement brutal du réchauffement. Pendant des décennies, le réchauffement climatique dans le Nord aura fait fondre le pergélisol*, les sols gelés existant sous la toundra et les forêts d'une grande partie de l'Alaska, du nord du Canada et de la Russie[6]. Bien que cette tendance soit nettement plus difficile à déceler et à prévoir que la diminution de la banquise, elle est potentiellement beaucoup plus dangereuse. Pendant tout l'Holocène, l'eau gelée a constitué 80 % des sols de ces régions. Sur une Terre plus chaude, cette situation ne durerait pas. Le seul signe de dégel à la surface a été l'apparition de nouveaux lacs et de sinistres cratères dans le grand Nord, suite à des affaissements du sol lors de l'écoulement des eaux. Mais dans les années 2040, on s'attend à un effondrement plus généralisé dans la toundra. En quelques années, l'ensemble de la zone septentrionale, qui représente un quart de la surface des terres dans l'hémisphère nord, pourrait devenir un bain de boue, quand la glace maintenant le sol aura disparu. D'énormes glissements de terrain et des inondations gigantesques se produiraient, car des millions de mètres cubes de sols devenus instables tendraient à s'ébouler. Des centaines de rivières et de fleuves verraient leur cours changer, des milliers de petits lacs se videraient. Les lacs proches du rivage pourraient se déverser dans l'océan, qui subirait un apport massif d'eau douce boueuse. L'impact sur la faune et la flore serait terrible, et les humains vivant dans cette région – peuples indigènes, communautés de pêcheurs, employés des sociétés gazières et pétrolières, ouvriers travaillant dans les transports et l'exploitation forestière – seraient contraints à l'exode. Mais la principale conséquence du dégel affecterait l'ensemble de la population mondiale. Pendant des millénaires, le pergélisol a stocké une quantité de carbone estimée à 1 400 gigatonnes – quatre fois plus que l'humanité n'en a émis dans les deux derniers siècles et deux fois plus que n'en contient l'atmosphère. La fonte du pergélisol libérerait cette glace progressivement, pendant un grand nombre d'années, en ouvrant un robinet à gaz de méthane et de dioxyde de carbone que nous serions probablement incapables de refermer.

ANNÉES 2050

Les incendies de forêts et la fonte des glaces des trente années précédentes risquent de provoquer à son tour la Grande Accélération du niveau de carbone dans l'atmosphère. En entrant dans l'eau, le CO_2 donne de l'acide carbonique, d'abord dans les eaux peu profondes, puis à travers toute la colonne d'eau, du fait de la circulation des courants océaniques. Dans les années 2050, il se pourrait que l'océan entier soit suffisamment acide pour déclencher un déclin calamiteux.

Les récifs coralliens, le plus varié des écosystèmes marins, sont particulièrement sensibles à l'acidification grandissante[7]. Affaiblis par des années d'épisodes de blanchissement, ils peineront encore davantage à réparer leurs squelettes calcaires du fait de la hausse de l'acidité. En une époque d'air plus chaud et de tempêtes plus violentes, les récifs pourraient être littéralement mis en pièces. Certains prédisent que 90 % des récifs coralliens de la terre seront détruits en l'espace de quelques années.

Les eaux profondes sont elles aussi exposées à l'acidification. Un grand nombre des espèces formant le plancton possèdent comme le corail un squelette en carbonate de calcium. L'acidité croissante de l'océan risque d'entraver leur épanouissement, ce dont pâtiraient les populations de poissons d'un bout à l'autre de la chaîne trophique. Il se pourrait que les récoltes d'huîtres et de moules périclitent. Les années 2050 marqueront peut-être le commencement de la fin pour la pêche commerciale et l'aquaculture subsistant encore. Les moyens d'existence de plus d'un demi-milliard d'êtres humains seraient directement affectés et nous verrions disparaître de nos assiettes une source aisément accessible de protéines qui nous a nourris tout au long de notre histoire.

ANNÉES 2080

Dans les années 2080, la production agricole mondiale pourrait atteindre un seuil critique[8]. Dans les régions du globe les plus froides et les

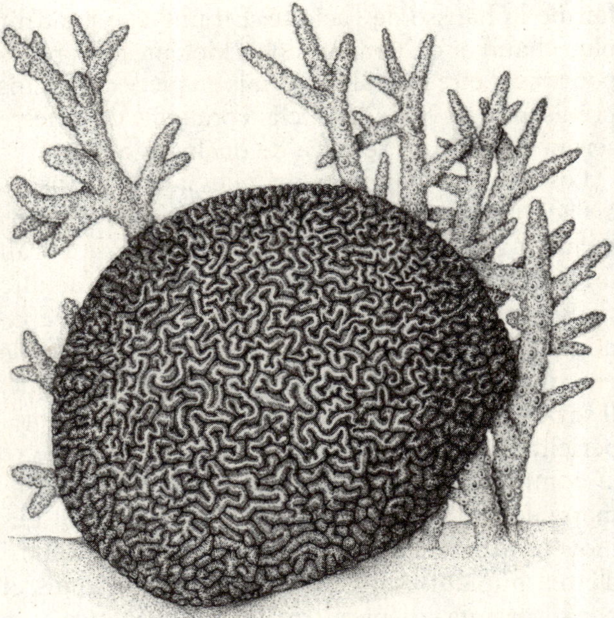

Coraux : corail-cerveau, *diploria labyrinthiformis*, et corail corne de cerf, *acropora cervicornis*

plus riches, où l'agriculture intensive abuse des engrais depuis un siècle, les sols seraient épuisés et stériles. Des cultures essentielles déclineraient. Dans les pays plus chauds et plus pauvres, le réchauffement mondial pourrait apporter des températures encore plus élevées, des modifications de la mousson, des tempêtes et des sécheresses vouant les activités agricoles à la faillite. Dans le monde entier, des millions de tonnes de terre arable perdue pourraient envahir les cours d'eau et provoquer des inondations dans les agglomérations humaines situées en aval.

Si le niveau actuel se maintient dans l'usage des pesticides, dans la destruction des habitats et dans la diffusion des maladies chez les pollinisateurs tels les abeilles, le déclin des espèces d'insectes pourrait finir par affecter les trois quarts de nos cultures alimentaires. Les récoltes de noix, de fruits, de légumes et d'oléagineux pourraient chuter faute de pouvoir compter sur le labeur assidu des insectes pour la pollinisation[9].

Au bout d'un moment, il est fort possible que la situation empire du fait de l'émergence d'une nouvelle pandémie. Nous commençons à peine à comprendre qu'il existe un lien entre la multiplication des virus et la ruine de la planète. On estime qu'un million sept cent mille virus potentiellement dangereux pour l'homme se cachent dans des populations de mammifères et d'oiseaux[10]. Plus nous continuerons de détruire le monde naturel par la déforestation, d'accroître les terres cultivées et de développer le commerce illégal d'animaux sauvages, plus l'apparition d'une pandémie sera probable.

ANNÉES 2100

Le XXIIe siècle pourrait s'ouvrir sur une crise humanitaire mondiale : le plus important phénomène de migrations forcées de l'histoire.

Dans le monde entier, les villes côtières pourraient être confrontées à une élévation de 0,9 mètre du niveau de la mer au cours du siècle, du fait de la fonte progressive des calottes glaciaires du Groenland et de l'Antarctique, combinée à la montée insidieuse des océans à mesure qu'ils se réchaufferont[11]. Même si plus d'un milliard d'habitants de cinq cents villes côtières auront lutté depuis cinquante ans contre les ondes de tempête, il se pourrait que le niveau de la mer soit assez élevé en 2100 pour détruire les ports et inonder leur hinterland[12]. Il deviendra impossible de protéger Rotterdam, Hô Chi Minh-Ville, Miami et bien d'autres cités, qui seront donc à risques et inhabitables. Leurs populations devront s'installer plus loin dans les terres.

Mais il existe un problème plus important. Si tout se déroule comme décrit précédemment, la température de notre planète aura augmenté de 4 °C en 2100. Il se pourrait que plus d'un quart de l'humanité vive sous des températures moyennes supérieures à 29 °C, une chaleur torride qui ne concerne aujourd'hui que le Sahara[13]. L'agriculture dans ces contrées deviendrait impossible. Un milliard de paysans pourraient être contraints d'aller chercher ailleurs un avenir meilleur. Les régions du globe au climat encore relativement tempéré seraient soumises à une pression excessive par cet afflux. Inévitablement, les frontières se fermeraient et des conflits éclateraient sans doute dans le monde entier.

Abeille ouvrière, *apis mellifera*

À l'arrière-plan, la sixième extinction massive deviendrait inéluctable.

*
* *

Les humains naissant à notre époque peuvent s'attendre, s'il faut en croire ces pronostics, à ce que notre espèce entraîne notre planète dans une série de sens uniques, avec pour résultat un changement irréversible et la fin programmée de la sécurité et de la stabilité de l'Holocène, notre jardin d'Éden. Dans un tel avenir, nous n'obtiendrons pas moins que l'effondrement du monde vivant, le fondement même de notre civilisation.

Aucun de nous ne veut d'une chose pareille. Aucun de nous ne peut se permettre d'entériner ce désastre. Mais que faire, alors que tant de choses vont mal ?

Les travaux des scientifiques étudiant les écosystèmes terrestres nous donnent la réponse. En fait, c'est très simple. Cela aurait dû nous sauter aux yeux depuis le début. La terre est certes un milieu clos, mais nous ne sommes pas seuls à y vivre ! Nous le partageons avec l'ensemble du monde vivant – le système le plus remarquable qu'on puisse imaginer pour préserver la vie, élaboré pendant des milliards d'années pour renforcer et renouveler les ressources alimentaires, absorber et réutiliser les déchets, réparer les dégâts et apporter la stabilité à la planète entière. Ce n'est pas un hasard si l'équilibre de notre terre a commencé à vaciller dès que sa biodiversité a décliné – les deux sont liés. Pour lui rendre sa stabilité, nous devons donc restaurer sa biodiversité, dont nous avons causé la perte. C'est la seule façon de sortir de cette crise que nous avons nous-mêmes créée. Nous devons *réensauvager* le monde !

TROISIÈME PARTIE

Une vision pour l'avenir

Comment réensauvager le monde

Comment pouvons-nous favoriser un retour à la nature et rendre un peu de stabilité à la terre ? Parmi ceux qui envisagent une voie différente, un avenir plus stable et proche de la nature, un point fait consensus : notre parcours doit être guidé par une philosophie nouvelle, ou plus exactement par un retour à une ancienne philosophie. Au début de l'Holocène, avant l'invention de l'agriculture, quelques millions d'humains à travers le monde menaient l'existence de chasseurs-cueilleurs, un mode de vie durable, fonctionnant en harmonie avec le monde naturel. À l'époque, nos ancêtres n'avaient pas d'autre option.

Avec l'avènement de l'agriculture, nos options se sont diversifiées, et notre rapport à la nature a changé. Nous en sommes venus à considérer le monde sauvage comme une réalité à apprivoiser, à soumettre et à exploiter. Sans aucun doute, cette approche nouvelle de la vie nous a profité de façon spectaculaire, mais au fil des ans nous avons perdu la mesure. Nous qui faisions partie de la nature, nous nous sommes séparés d'elle.

Au bout de tant d'années, il nous faut inverser la tendance. De nouveau, nous n'avons plus d'autre option qu'un mode de vie durable. Mais aujourd'hui, nous sommes plusieurs milliards. Nous ne pouvons retourner à notre existence de chasseurs-cueilleurs. Nous devons inventer un nouveau mode de vie durable, capable de rétablir l'harmonie entre notre monde humain contemporain et la nature. Ce n'est qu'alors que les pertes que nous avons infligées à la biodiversité commenceront à être compensées par des gains, et que le monde pourra revenir à la nature et retrouver sa stabilité.

Nous possédons déjà une boussole pour nous orienter dans ce voyage vers un avenir durable. Le modèle des limites planétaires est conçu pour nous garder sur le droit chemin. Il nous dit que nous devons arrêter immédiatement, et commencer de préférence par inverser le cours du changement climatique en nous occupant des émissions de gaz à effet de serre partout où elles se produisent. Nous devons cesser d'abuser des engrais. Nous devons revenir sur notre politique de transformation des espaces sauvages en terres cultivées, plantations et autres aménagements. Il nous indique également les autres problèmes que nous devons surveiller de près : la couche d'ozone, notre consommation d'eau douce, la pollution chimique et atmosphérique, l'acidification des océans. Si nous agissons ainsi, le déclin de la biodiversité s'interrompra peu à peu puis la tendance commencera à son tour à s'inverser. En d'autres termes, si notre principal critère pour juger nos actions est la renaissance du monde naturel, nous ne pourrons manquer de prendre les bonnes décisions, et ce sera bénéfique non seulement à la nature mais à nous-mêmes, puisque la nature assure la stabilité de la terre.

Toutefois notre boussole ne prend pas en compte un élément essentiel. D'après une étude récente, près de 50 % de l'impact de l'humanité sur le monde vivant est imputable aux 16 % les plus riches de la population humaine[1]. Le mode de vie auquel les plus fortunés d'entre nous se sont habitués sur cette terre est tout sauf pérenne. Si nous voulons tracer une voie menant à un avenir durable, nous devrons résoudre ce problème. Il nous faut apprendre non seulement à vivre avec les ressources limitées de la Terre, mais à les partager plus équitablement.

Kate Raworth, une économiste de l'université d'Oxford, a rendu ce défi plus clair en ajoutant un cercle à l'intérieur du modèle des limites planétaires. Ce nouveau cercle renferme les exigences minimales du bien-être humain : logement décent, soins de santé, eau propre, alimentation saine, accès à l'énergie, éducation de bon niveau, salaire, représentation politique et justice. Notre boussole comporte donc désormais deux séries de limites. Le cercle extérieur constitue un plafond écologique sous lequel nous devons rester, si nous voulons avoir une chance de garder une planète stable et sûre. Le cercle intérieur constitue un fondement social auquel nous devons faire accéder tous les humains, afin de rendre possible un monde juste et équitable. Le résultat est un modèle appelé « Donut », qui ouvre des perspectives séduisantes – un avenir de justice et de sécurité pour tous[2].

La philosophie de notre espèce devrait être : « De la durabilité* en toute chose. » Le modèle du Donut* nous servira de boussole dans ce voyage. Le défi qu'il nous lance est simple mais immense : améliorer partout la vie des gens tout en réduisant radicalement notre impact sur la planète. Quelle devrait être notre source d'inspiration, pour tenter de relever ce grand défi ? Nous n'avons pas besoin de chercher plus loin que le monde vivant. Il nous fournit toutes les réponses.

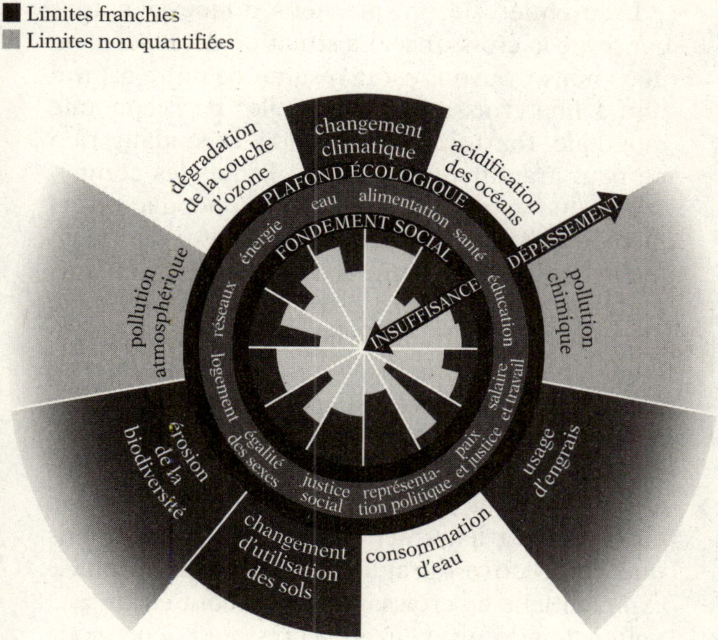

Modèle du Donut

DÉPASSER LA CROISSANCE

La première leçon que nous donne la nature concerne la croissance. La situation désespérée où nous nous trouvons est le résultat de notre aspiration à une croissance perpétuelle* de l'économie mondiale. Dans un monde limité, cependant, rien ne peut grandir indéfiniment. Toutes les composantes du monde vivant – individus, populations et même habitats – grandissent pendant un moment mais ensuite parviennent à maturité. Une fois matures, elles peuvent prospérer. La prospérité n'est pas nécessairement liée à la croissance. Un arbre, une colonie de fourmis, la communauté d'un récif corallien ou l'écosystème arctique tout entier connaissent une longue existence et une grande réussite dans leur maturité. Au terme de leur croissance, ils tirent parti au mieux de leur situation en exploitant leurs acquis nouveaux, mais dans une perspective durable. Ils sortent de la phase exponentielle de croissance, culminant en un pic, pour atteindre un plateau. Après quoi, leur mode d'interaction avec le monde vivant permet à cette période de stabilité de durer indéfiniment.

Cela ne veut pas dire qu'une communauté sauvage n'évolue pas après s'être stabilisée. L'Amazonie existe depuis des dizaines de milliers d'années[3]. Durant cette période et jusqu'à une date récente, elle a couvert de sa vaste canopée à peu près la même étendue, en devenant l'un des milieux les plus florissants de la planète. Il se peut que la quantité de lumière solaire et de pluie qu'elle reçoit, ainsi que la proportion de nutriments dans son sol, soient restées à peu près constantes tout au long de son histoire, mais sa communauté d'espèces vivantes a connu des changements significatifs au fil du temps. Comme des équipes dans un championnat ou des actions cotées en Bourse, elles ont subi chaque année des variations d'où émergeaient des vainqueurs et des perdants. Il y aura toujours des populations en expansion, qui s'installent dans une région et s'y multiplient aux dépens d'une autre, des arbres prenant la place de ceux qui sont tombés. Il y aura toujours des nouveaux venus, tandis que d'anciens habitants disparaîtront. Certains de ces nouveaux venus peuvent être porteurs d'innovations qui accroîtront les possibilités d'autres espèces – par exemple, une nouvelle espèce de chauve-souris peut faire office de pollinisateur pour des plantes à floraison nocturne. À l'inverse, la disparition d'une espèce peut réduire les possibilités ailleurs dans la forêt. Grâce à des ajustements, des réactions et des perfectionnements continuels, la communauté de la forêt amazonienne a pu s'épanouir pendant des dizaines de millions d'années sans demander à la terre de nouvelles ressources. C'est le triomphe de la biodiversité terrestre, l'entreprise de la vie qui réussit le mieux actuellement, mais elle se passe de toute croissance nette. Elle a assez de maturité pour se contenter de durer.

À l'heure actuelle, l'humanité ne manifeste aucune intention d'atteindre le plateau lié à cette maturité. Comme n'importe quel économiste vous l'expliquera, depuis soixante-dix ans toutes nos institutions sociales, économiques et politiques ont pour but essentiel une croissance constante dans chaque pays, qui est mesurée par cet instrument rudimentaire qu'est le produit national brut. L'organisation de nos sociétés, les espoirs du monde des affaires, les promesses des politiciens, tous exigent que le PIB ne cesse de grimper. La Grande Accélération est le résultat de cette obsession, et le Grand Déclin du monde vivant sa conséquence. En effet, sur une planète au cadre limité, le seul moyen d'obtenir une croissance perpétuelle est de puiser sans cesse dans d'autres ressources. Nous avions l'impression d'un miracle des temps modernes, alors que nous nous comportions simplement comme des voleurs. Comme l'attestent les statistiques effroyables que j'ai énumérées à la fin de mon témoignage personnel, tout ce que nous avons, nous l'avons pris au monde vivant. Et nous l'avons pris sans songer aux dégâts que nous commettions. La disparition d'espèces vivantes due à la déforestation entreprise pour cultiver le soja nécessaire à l'alimentation des poulets que nous mangeons, peu nous importe. L'impact sur les écosystèmes marins des bouteilles d'eau en plastique que nous achetons et jetons, peu nous importe. Les gaz à effet de serre produit par la fabrication du béton pour les parpaings du bâtiment que nous agrandissons, peu nous importe. Pas étonnant que tous les ravages que nous avons infligés à la Terre nous soient si vite retombés dessus.

Une discipline nouvelle au sein de l'économie s'efforce de résoudre ce problème. Les spécialistes d'économie environnementale ont pour but de construire un modèle économique durable. Ils ambitionnent de changer le système de façon que les marchés mondiaux ne soient pas seulement favorables au profit, mais aussi aux personnes et à la planète : c'est ce qu'ils appellent « les trois P ». Beaucoup d'entre eux fondent de grands espoirs sur la croissance verte*, à savoir un type de croissance sans impact négatif sur l'environnement. On peut y parvenir en fabriquant des produits au meilleur rendement énergétique, en transformant des activités nuisibles à l'environnement en activités propres, à l'impact réduit ou inexistant, ou en fondant la croissance sur le secteur numérique, qu'on peut considérer comme peu impactant lorsqu'il fait appel à des énergies renouvelables*.

Les partisans de la croissance verte se réfèrent aux vagues d'innovations qui, au cours de l'histoire, ont révolutionné périodiquement les possibilités de l'humanité. Il y a eu d'abord l'avènement de l'énergie hydraulique au XVIIIe siècle, grâce à quoi des moulins ont pu alimenter des mécanismes augmentant immensément la productivité d'une entreprise. Ensuite, nous avons adopté les combustibles fossiles et l'énergie thermique, ce qui a provoqué non seulement une révolution industrielle mais l'avènement du chemin de fer, des bateaux à moteur puis des avions capables de transporter rapidement voyageurs et marchandises d'un bout à l'autre du globe. Trois autres vagues ont suivi. L'électrification du début du XXe siècle, laquelle a donné naissance aux télécommunications ; l'ère spatiale, responsable d'un boom de la consommation en Occident ; et la révolution numérique, qui nous a valu Internet et une foule d'appareils intelligents dans nos maisons. Toutes ces avancées ont transformé radicalement le monde et favorisé l'essor économique. Ce qu'espèrent et attendent les spécialistes de l'économie environnementale, c'est qu'une sixième vague d'innovations – la révolution durable* – soit à nos portes. Dans ce contexte nouveau, ceux qui innovent et entreprennent feront fortune en inventant des produits et des services réduisant notre impact sur la planète. Bien entendu, nous avons déjà commencé à sentir les effets de ce mouvement, avec les ampoules basse consommation, l'énergie solaire bon marché, les burgers végétariens au goût de viande, les investissements pérennes. L'idée, c'est que les politiciens et les chefs d'entreprise, confrontés à l'énormité et à l'urgence du Grand Déclin de notre planète, cessent de subventionner des industries néfastes pour se tourner rapidement vers le développement durable en le considérant comme une option à la mode et raisonnable, permettant à la croissance de continuer, au moins pour un temps.

Au bout du compte, malgré tout, la croissance verte est toujours de la croissance. L'humanité sera-t-elle jamais capable de dépasser sa phase de croissance et d'acquérir une maturité suffisante pour atteindre un plateau ? Pourra-t-elle enfin, peut-être après cette sixième vague d'innovations, devenir comme l'Amazonie, en se vouant à s'épanouir, se perfectionner, s'améliorer durablement mais sans s'accroître ? Certains espèrent un avenir où l'humanité s'affranchirait unanimement de son culte de la croissance, renoncerait à voir dans le PIB un but suprême et se concentrerait sur un indicateur de réussite nouveau et durable, mettant à contribution les trois P. L'« Indice de la Planète Heureuse », créé par la New Economics Foundation en 2006, tente d'obtenir un tel indicateur en combinant l'empreinte écologique* d'un pays avec des éléments du bien-être humain, tels que l'espérance de vie, le niveau moyen de satisfaction et le niveau d'égalité. Quand on classe les pays d'après cet indice, on obtient un résultat complètement différent du classement donné par le seul PIB. En 2006, le Costa Rica et le Mexique arrivent au sommet, avec de meilleurs scores de bien-être moyen que les États-Unis ou l'Angleterre et une empreinte écologique bien inférieure. L'Indice de la Planète Heureuse n'est certes pas infaillible. Comme il combine plusieurs facteurs, un pays comme la Norvège, grâce à son score concernant le bien-être, peut avoir un bon rang malgré une empreinte écologique importante. D'autres pays, comme le Bangladesh, peuvent être bien classés avec un faible niveau de bien-être, car leur empreinte écologique est réduite. Néanmoins, cet indice est considéré sérieusement par plusieurs pays comme une alternative au PIB, de même que d'autres indices du même genre. Il permet d'élargir les débats sur l'objectif global des actions humaines sur cette terre[4].

En 2019, la Nouvelle-Zélande a pris la décision hardie d'abandonner officiellement le PIB comme critère principal du succès économique. Elle n'a pas adopté l'un des indices alternatifs existants mais créé son propre indice, fondé sur ses préoccupations nationales les plus pressantes. Les trois P au complet – profit, personnes et planète – étaient représentés. Par cette simple décision, la Première ministre Jacinda Ardern a déplacé les priorités de son pays tout entier, en se détournant de la pure croissance en faveur d'une orientation reflétant mieux les problèmes et les aspirations qui sont souvent les nôtres aujourd'hui. Il se pourrait que ce changement de programme lui ait permis de réagir plus énergiquement lors de l'arrivée du COVID-19, en février 2020. Elle a fermé les frontières avant même qu'il y ait un mort dans le pays, alors que d'autres gouvernements hésitaient, peut-être parce qu'ils appréhendaient l'effet de telles mesures sur l'économie. Au début de l'été, la Nouvelle-Zélande avait peu de nouveaux cas et les habitants pouvaient reprendre leur vie professionnelle et sociale.

La Nouvelle-Zélande pourrait nous servir de guide. Des sondages réalisés dans divers pays montrent que les gens souhaitent aujourd'hui dans le monde entier que leur gouvernement fasse passer le peuple et la planète avant le seul profit. Cela semble indiquer que partout, électeurs et consommateurs sont peut-être prêts pour un monde pérenne et, selon la formule de Kate Raworth, « agnostique » en matière de croissance. Chaque pays doit faire son chemin pour devenir prospère tout en étant bénéfique pour son peuple et pour la planète. Les pays riches, qui ont profité d'une croissance non durable, ont maintenant la tâche redoutable de préserver un bon niveau de vie tout en réduisant drastiquement leur empreinte écologique. Les pays plus pauvres ont un défi bien différent à relever, puisqu'ils doivent élever drastiquement leur niveau de vie en adoptant un modèle de développement durable, ce qui n'a encore jamais été fait. Dans cette optique, toutes les nations du monde sont aujourd'hui en voie de développement. Elles devront travailler dur pour se convertir à la croissance verte et se joindre à la révolution durable.

L'humanité n'a pas encore atteint sa maturité. Comme un jeune arbre de la forêt amazonienne saisissant sa chance de s'emparer d'une clairière, nous avons concentré jusqu'à maintenant tous nos efforts sur la croissance. Toutefois, d'après les spécialistes de l'économie environnementale, nous devons à présent réfréner notre passion pour la croissance, distribuer les ressources plus équitablement et nous préparer à vivre comme un arbre adulte de la canopée. Ce n'est qu'alors que nous pourrons jouir de la place au soleil que nous a procurée notre développement rapide, et savourer une vie durable et pleine de sens.

PASSER À L'ÉNERGIE PROPRE

Le monde vivant tire pour l'essentiel son énergie du soleil. Les plantes terrestres, le phytoplancton et les algues captent chaque jour trois trillions de kilowattheures d'énergie solaire, ce qui représente presque vingt fois l'énergie que nous consommons. De plus, ils la puisent directement dans la lumière, en emprisonnant l'énergie dans des molécules organiques composées de carbone. Ils obtiennent ce carbone en absorbant du dioxyde de carbone présent dans l'air. Lorsqu'ils produisent les molécules organiques, ils rejettent l'oxygène comme un déchet. Ce processus est appelé photosynthèse. Il est à la source de tous les processus vitaux des plantes, depuis la croissance de leurs tiges et de leurs troncs jusqu'à la production de graines pour constituer la prochaine génération, de fruits pour amener les animaux à transporter les graines, et de garde-manger où stocker leur nourriture pour survivre aux périodes de disette.

Les animaux, y compris nous-mêmes, passent beaucoup de temps à tenter de tirer profit de toute cette industrie. Ils mordent dans des fruits produits par certaines plantes, sucent leur sucre, mangent les parties molles de leurs feuilles et de leurs racines. Comme de nombreux autres animaux, nous consommons également la chair des herbivores, en nous procurant ainsi de l'énergie solaire de seconde main. Il existe même des organismes – champignons et bactéries – qui vivent en liquéfiant peu à peu les cadavres d'animaux afin de prélever les précieuses molécules animales qu'ils contiennent. Et chaque fois que l'un d'entre nous – animal, végétal, algue, phytoplancton, champignon ou bactérie – réussit à puiser l'énergie de ces molécules, il rejette dans l'atmosphère du dioxyde de carbone, lequel sert de nouveau aux plantes pour réaliser la photosynthèse.

La capture et la distribution de l'énergie solaire, et le cycle du carbone entre l'atmosphère et le monde vivant qui en résulte, ont joué un rôle central dans l'activité de la vie terrestre pendant 3,5 milliards d'années. Durant cette période, une foule de forêts, marais, marécages, tapis végétaux et fleurs ont apporté l'énergie nécessaire au monde vivant de leur époque. Quand ils mouraient, le carbone qu'ils contenaient retournait dans l'atmosphère par un processus de décomposition. Mais à certaines époques, ce cycle a été perturbé et la décomposition ne s'est pas produite. Les premières plantes assez grandes pour être qualifiées d'arbres sont apparues sur la terre voilà environ trois cents millions d'années. Elles ressemblaient aux fougères arborescentes et aux prêles, qui sont leurs descendants mais dotés d'une taille modeste par comparaison. Ces premières forêts poussaient dans les marécages tropicaux d'eau douce couvrant alors une bonne partie de la terre ferme. Quand les arbres mouraient, ils tombaient dans les marécages et s'entassaient sous l'eau, où ils étaient peu à peu ensevelis sous les sédiments apportés par les rivières. Comme ils échappaient à l'oxygène et aux processus normaux de décomposition, leurs tissus riches en carbone, enfouis sous la boue et le sable, ont subi une forte pression et fini par donner du charbon. Par la suite, pendant plusieurs centaines de millions d'années, le plancton et les algues prospérant dans d'anciennes mers et des lacs stagnants sont parfois restés emprisonnés dans les profondeurs et se sont transformés en pétrole et en gaz inflammable.

Voilà deux siècles, nous avons commencé l'extraction de ces résidus riches en énergie pour les brûler, en rejetant dans l'atmosphère sous forme de dioxyde de carbone une bonne partie du carbone qu'ils contenaient. Nous avons appris à exploiter si efficacement cette énergie fossile qu'elle chauffe aujourd'hui nos habitations et fait fonctionner nos véhicules et nos usines, au point que nous pourrions fondre de l'acier si l'envie nous en prenait. La lumière solaire de ces milliards de jours passés a alimenté en combustible notre Grande Accélération. Toutefois, nous avons rejeté au passage dans l'atmosphère en quelques décennies une quantité de carbone accumulée au cours de millions d'années.

Cette situation est potentiellement désastreuse. En lui-même, le dioxyde de carbone est relativement inactif et inoffensif. Nous en exhalons à chacune de nos expirations. Mais c'est un gaz à effet de serre, c'est-à-dire qu'il agit dans l'atmosphère comme une couverture bloquant la chaleur près de la surface de la terre. Plus sa concentration est grande, plus le réchauffement terrestre s'intensifie. Le dioxyde de carbone se dissout également dans l'eau, ce qui a pour effet d'augmenter l'acidité des océans. En surchargeant l'atmosphère de carbone, nous reproduisons en fait les changements qui ont conduit à la plus importante extinction massive de l'histoire terrestre, à la fin du Permien. Cependant, nous effectuons ces changements à un rythme beaucoup plus rapide.

D'un coup, nous nous trouvons dans une posture terriblement périlleuse. Nous n'avons plus d'autre choix que de modifier notre système de production d'énergie, mais il nous reste peu de temps pour le faire. En 2019, les combustibles fossiles fournissaient 85 % de notre énergie globale[5]. L'énergie hydraulique, qui est sobre en carbone mais limitée à certains sites et susceptible de causer d'importants dégâts à l'environnement, en fournissait moins de 7 %. L'énergie nucléaire, elle aussi sobre en carbone mais assurément non sans danger, en fournissait un peu plus de 4 %. Quant aux ressources énergétiques que nous devrions utiliser, les énergies naturelles et inépuisables du soleil, du vent, des vagues, des marées, de la chaleur des profondeurs de la croûte terrestre, qu'on appelle énergies renouvelables, elles ne représentent encore que 4 % de nos actuelles capacités. Nous avons moins d'une décennie pour passer des combustibles fossiles à l'énergie propre. Par notre faute, la température mondiale a déjà augmenté de 1 °C par rapport aux niveaux de l'ère préindustrielle. Si nous voulons limiter cette augmentation à 1,5 °C, nous n'avons plus qu'un montant réduit de carbone pouvant être rejeté dans l'atmosphère – c'est notre budget carbone* –, or, vu le taux actuel des émissions, nous aurons atteint ce montant avant la fin de la décennie[6].

Notre recours irresponsable aux combustibles fossiles nous place face au plus grand et au plus urgent des défis que nous ayons jamais eu à relever. Si nous réussissons le passage aux énergies renouvelables aussi vite que la situation l'exige, l'humanité considérera toujours notre génération avec gratitude, car nous sommes les premiers à comprendre vraiment le problème et les derniers à pouvoir encore y remédier. Le chemin menant à un monde fonctionnant avec une énergie sans carbone sera semé d'embûches, et les prochaines décennies constitueront une véritable gageure pour nous tous. Malgré tout, beaucoup de spécialistes travaillant sur ce problème pensent que c'est possible. Nous autres, êtres humains, nous caractérisons avant tout par notre capacité surprenante à résoudre les problèmes. Nous sommes déjà passés par des cheminements difficiles entraînant d'énormes transformations sociales au cours de notre histoire, et nous pouvons encore le faire.

Le premier obstacle au progrès a déjà été largement surmonté – celui d'une alternative concrète. Le secteur de l'énergie est aujourd'hui en mesure de générer de l'électricité grâce au soleil, au vent et à la chaleur naturelle des entrailles de la terre. Il reste bien des difficultés à résoudre. Nous avons toujours un problème de stockage. Les énergies renouvelables ne sont pas encore aussi efficaces qu'il le faudrait pour assurer les diverses tâches du transport, du chauffage et du refroidissement. Dans ce cas, nous devons compenser nos manques par des expédients provisoires pouvant nous aider à contourner la difficulté. Parfois, ces expédients ne vont pas sans des « regrets », pour reprendre le terme de Paul Hawken, l'inspirateur du projet Drawdown[7]. Il est probable que nous devrons recourir à l'énergie nucléaire, aux barrages hydrauliques, à un usage prolongé du gaz naturel, lequel est un combustible fossile mais produit nettement moins d'émissions de carbone que le charbon ou le pétrole. Les motifs de regret sont partout. Nous pouvons développer des bioénergies*, où des produits agricoles servent de sources d'énergie, mais là encore non sans regret, car cette solution exige des superficies agricoles très importantes. Pour les carburants, il se pourrait que la pile à hydrogène et les biocarburants durables à partir de plantes et d'algues forment avec les véhicules électriques une combinaison permanente pour les transports routiers, ferroviaires et maritimes. La plupart des experts s'accordent à penser que le problème du transport aérien sera le plus difficile à résoudre. Des avions hybrides, totalement électriques ou à hydrogène sont en cours de conception, mais en attendant qu'ils soient au point les compagnies aériennes projettent d'inclure une compensation carbone* dans le prix des billets. Nous devons travailler dur pour faire en sorte que tous ces expédients soient aussi temporaires que possible. Il nous reste si peu de temps avant que notre budget carbone soit entièrement dépensé. Si nous continuons de recourir aux combustibles fossiles dans un domaine, il faut nécessairement que nous réduisions encore plus drastiquement nos émissions dans un autre.

La rentabilité constitue un deuxième obstacle potentiel, mais là aussi des solutions sont en vue. Les progrès de l'énergie solaire et éolienne ont déjà amené les prix de la production d'électricité renouvelable par kilowatt à des niveaux concurrentiels par rapport à ceux du charbon, de l'hydraulique et du nucléaire, et ils approchent des coûts du gaz et du pétrole. En outre, la gestion des énergies renouvelables revient beaucoup moins cher que celle des autres sources d'énergie. En trente ans, on estime qu'un secteur énergétique dominé par les énergies renouvelables économiserait des milliards de dollars de frais d'exploitation. De nombreux commentateurs pensent que la simple amélioration de la rentabilité permettra de remplacer rapidement les combustibles fossiles par des équivalents renouvelables. Cependant, il existe un troisième obstacle, qu'ils ont peut-être sous-estimé.

Il se pourrait que le frein le plus redoutable auquel nous soyons confrontés consiste en cette puissance abstraite qu'on peut appeler les intérêts particuliers. Le changement menace tous ceux qui sont partie prenante dans le statu quo. Actuellement, six des entreprises les plus importantes du monde sont des sociétés pétrolières et gazières. Trois d'entre elles sont des entreprises publiques et les quatre autres sont impliquées dans les transports. Mais elles sont loin d'être les seules à dépendre des combustibles fossiles. Presque tous les gouvernements et les grandes sociétés y recourent principalement pour la production et la distribution d'électricité. Les industries lourdes les utilisent pour chauffer ou refroidir des produits dans leurs chaînes de production. La plupart des grandes banques et des fonds de pension ont investi massivement dans les combustibles fossiles, lesquels compromettent précisément l'avenir auquel nous aspirons. Pour changer quoi que ce soit dans un système aussi fermement établi que le nôtre, il faudra prendre une série de mesures mûrement réfléchies. Les spécialistes qui analysent la transition énergétique prédisent que les banques, les fonds de pension et les gouvernements abandonneront de plus en plus leurs investissements dans le charbon et le pétrole, pour tenter d'éviter des pertes colossales. Les politiciens seront mis en demeure de convertir les milliards de dollars avec lesquels ils subventionnent actuellement le secteur des combustibles fossiles en aides au développement des énergies renouvelables. Des administrations locales ont déjà commencé à proposer des tarifs intéressants aux particuliers générant leur propre électricité pour tout surplus et à aider des communautés à créer leurs propres micro-réseaux* renouvelables.

D'autres mouvements, encore peu visibles aujourd'hui, pourraient se révéler très importants pour accélérer l'abandon des combustibles fossiles. Certains analystes prédisent que l'avènement du véhicule autonome va révolutionner le secteur des transports[8]. Ils pensent qu'en quelques années les citadins renonceront à posséder une voiture et se contenteront d'en commander une quand ils en auront besoin. Ces voitures seraient entièrement électriques, rechargeables à l'énergie propre et gérée directement par les constructeurs, ce qui inciterait toute cette branche industrielle à améliorer son efficacité et sa fiabilité.

On admet généralement que l'argument le plus efficace pour mettre fin à notre dépendance aux combustibles fossiles serait d'élever au niveau mondial le prix des émissions de carbone, au moyen d'une taxe carbone* qui pénaliserait tous les émetteurs. Le gouvernement suédois a introduit une taxe de ce genre dans les années 1990, et elle a poussé beaucoup de secteurs à renoncer massivement aux combustibles fossiles. Le Stockholm Resilience Centre[9] estime qu'une hausse des prix, en commençant par 50 dollars par tonne de dioxyde de carbone émise, suffirait à stimuler une conversion rapide aux énergies propres, à provoquer une amélioration du rendement dans les domaines dépendant encore des combustibles fossiles, et à inciter les esprits inventifs à chercher des technologies et des pratiques nouvelles qui fassent baisser les émissions. Nous devrions veiller à protéger ce faisant les éléments les plus pauvres de nos sociétés, mais des études prouvent que c'est tout à fait possible[10]. En somme, une taxe carbone accélérerait considérablement la révolution durable dont nous avons besoin.

Quand ce nouveau monde propre et sans carbone deviendra réalité, tous les habitants du globe commenceront à ressentir les bienfaits d'une société fonctionnant aux énergies renouvelables. La vie sera moins bruyante. Notre air et notre eau seront plus limpides. Nous en viendrons à nous demander pourquoi nous avions toléré si longtemps des millions de morts prématurées chaque année du fait d'une atmosphère viciée. Les nations les plus pauvres possédant encore des forêts et des herbages auraient la possibilité de s'enrichir en vendant leurs crédits-carbone aux pays dépendant encore des combustibles fossiles. Elles pourraient alors inclure dans leur modèle de développement les énergies renouvelables et une existence sobre en émissions. Qui sait, leurs villes propres et intelligentes compteraient peut-être parmi celles où l'on vit le mieux sur cette terre, attirant ainsi les éléments les plus brillants de chaque génération.

Est-ce une chimère ? Pas nécessairement. Au moins trois pays – l'Islande, l'Albanie et le Paraguay – produisent déjà toute leur électricité sans recourir aux combustibles fossiles. Huit autres pays n'utilisent le charbon, le pétrole et le gaz que pour moins de 10 % de leur production d'électricité. Parmi eux, quatre sont en Afrique et trois en Amérique du Sud. La transition énergétique, et la révolution durable en général, offre aux pays se développant rapidement une opportunité extraordinaire d'adopter des méthodes différentes et de dépasser bien des nations occidentales.

Le Maroc donne l'exemple d'un pays adhérant à cette révolution. Au tournant du siècle, il dépendait de pétrole et de gaz importés pour presque toute sa production d'énergie. Aujourd'hui, il satisfait 40 % de ses besoins grâce à un réseau d'installations utilisant des énergies renouvelables, notamment la plus grande ferme solaire du monde. Il montre la voie d'une méthode prometteuse et relativement peu coûteuse de stockage de l'énergie solaire, la technologie du sel fondu, qui se sert de sel pour conserver la chaleur du soleil pendant des heures en fournissant ainsi de l'énergie même la nuit. Le Maroc se trouve en bordure du Sahara. Avec une liaison par câble le reliant directement au sud de l'Europe, peut-être pourra-t-il un jour exporter de l'énergie solaire. Pour un pays qui n'a jamais été bien pourvu en combustibles fossiles, c'est un passeport pour un monde plus prospère.

L'histoire montre que, si les motivations sont justes, un profond changement peut se produire en un bref laps de temps. Certains indices laissent penser que c'est ce qui est en train d'arriver avec les combustibles fossiles. Le pic de la consommation mondiale de charbon a été franchi en 2013. Aujourd'hui, l'industrie charbonnière est en crise car les investisseurs se retirent du secteur. Le pic pétrolier* devrait survenir dans quelques années, et il se pourrait que l'effondrement des cours dû à l'épidémie de coronavirus accélère encore le mouvement. Nous pouvons encore accomplir un miracle et passer à un monde d'énergies propres au milieu de ce siècle.

De ce point de vue, il existe un motif supplémentaire d'espérer : la possibilité que, tout en développant les énergies propres, nous recourions à un expédient salvateur pour la planète en captant

Vue aérienne des miroirs solaires
de la centrale thermo-solaire CSP Noor 1,
près de Ouarzazate, Maroc

une partie du carbone que nous avons rejeté dans l'atmosphère afin de le stocker dans des endroits où il ne puisse nuire. Le CCS (*carbon capture and storage* – captage et stockage du carbone*) séduit beaucoup les politiciens et les chefs d'entreprise, qui ont besoin de gagner du temps pour éliminer graduellement les combustibles fossiles. Il existe des filtres capables de piéger une partie du CO_2 s'échappant de centrales électriques à combustible fossile, des souffleries le captant directement dans l'atmosphère, des centrales bioénergétiques qui récupèrent les gaz à effet de serre à partir de la biomasse, et des installations de pompage permettant de stocker le carbone dans la roche à des profondeurs suffisantes pour qu'il soit inoffensif. Certains géo-ingénieurs* proposent des solutions plus expérimentales, comme d'exploiter des cultures d'algues et de bactéries, fertiliser l'océan avec du fer, concentrer du CO_2 sur les fonds marins ou bloquer le rayonnement solaire avec des poussières dans la stratosphère. Plusieurs de ces projets peuvent fonctionner en théorie, et quelques-uns pourraient même être appliqués à grande échelle, mais pour l'instant ils n'ont pas fait l'objet d'études approfondies et risquent d'avoir des conséquences négatives imprévues.

Ce qui est clair, pour ceux d'entre nous que préoccupent non seulement le changement climatique mais l'érosion de la biodiversité, c'est que nous disposons d'un bien meilleur moyen pour capter le carbone : le réensauvagement* du globe prélèvera d'énormes quantités de CO_2 dans l'air et le stockera dans les immensités sauvages en expansion. Si ce programme était appliqué en parallèle avec la réduction mondiale des émissions, cette solution fondée sur la nature* nous permettrait de gagner sur tous les plans, puisqu'elle combinerait le stockage du carbone et le gain en biodiversité. Des études dans de nombreux habitats ont montré que plus un écosystème présente une riche biodiversité, mieux il capte et stocke le carbone[11]. Gouvernements, gestionnaires de fonds et entreprises devraient investir dans le captage naturel du carbone. C'est à lui que devraient être consacrés tous nos mécanismes de compensation, comme une incitation à régénérer le monde sauvage, financée et encouragée à l'échelle mondiale. Il aurait une influence immense sur chaque habitat de la terre, en stoppant à la fois le changement climatique et la sixième extinction massive. Quelques années suffiraient à obtenir les premiers résultats, dont les plus spectaculaires auraient pour théâtre le plus vaste des espaces sauvages.

Dans la plaine du Serengeti

D’immenses troupeaux de gnous ont permis à la plaine du Serengeti de rester riche et productive en fertilisant les sols.

La chasse a provoqué la disparition du bison d'Europe à l'état sauvage au début du xxe siècle, mais la réintroduction d'animaux issus de parcs zoologiques progresse

dans de nombreux pays du Vieux Continent. Le bison est en passe de devenir un symbole pour le mouvement européen en faveur du réensauvagement.

Des loups gris sur une arête rocheuse du parc national de Yellowstone, aux États-Unis. La réintroduction des loups dans le parc en 1995 a eu une influence déterminante sur l'ensemble de l'écosystème, ce qui démontre l'utilité des grands prédateurs pour accroître la biodiversité des milieux naturels.

Des millions d'espèces de la forêt existent en petit nombre. Les femelles orangs-outans doivent passer dix ans avec leurs petits, leur enseigner quels fruits peuvent être mangés. Sans cet entraînement ils ne joueraient pas leur rôle essentiel dans la dispersion des graines.

Les loutres mangent les oursins qui consomment le kelp, permettant ainsi aux forêts d'algues de prospérer – un exemple de la façon dont la biodiversité aide les systèmes naturels à capter et stocker le carbone.

Les baleines à bosse, comme d'autres cétacés de grande taille, ont été chassées par des flottes commerciales pendant la première moitié du XXe siècle. Un moratoire sur leur chasse ayant été institué, leur population est passée de quelques milliers à environ 80 000 individus – preuve que la nature peut très rapidement reprendre le dessus, si on lui en donne l'opportunité.

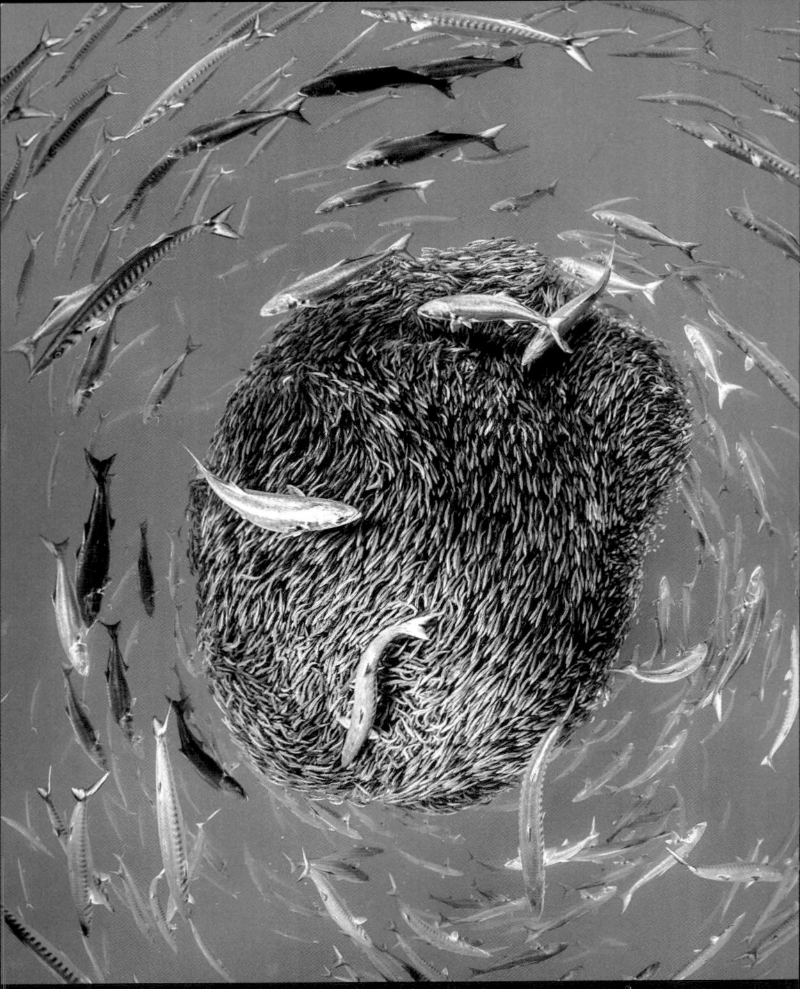

La haute mer constitue dans l'ensemble un immense désert bleu. Toutefois, la concentration de nutriments près de la surface favorise l'épanouissement du plancton, ce qui engendre une activité frénétique. Ici, un banc de maquereaux, attiré par le plancton, forme une « boule d'appât » pour résister à l'assaut de barracudas et de tassergals.

Les récifs coralliens, comme ceux de la mer Rouge
au large de l'Égypte, comptent parmi les habitats
de la planète les plus riches en biodiversité.

Les récifs coralliens et l'espace maritime des Palaos étaient
naguère en proie à la surpêche, mais une politique énergique

fondée sur des pratiques de pêche traditionnelles et durables
a rétabli de façon spectaculaire la biodiversité marine

Le blanchissement du corail, souvent provoqué
par le réchauffement de l'eau, est un indice révélateur
du stress subi par un récif. Quand les températures grimpent

es organismes coralliens expulsent les algues brillamment colorées qui vivent dans les tissus de leurs corps. Ils meurent alors en grand nombre, en mettant à nu leur exosquelette calcaire

La première vue de la Terre depuis *Apollo 8*. Une photographie qui a changé notre perception de notre planète et de nous-mêmes

À Tchernobyl

D'épais panaches de fumée brune sur la côte sud-ouest de l'Australie, où des feux de brousse échappent à tout contrôle. Pendant l'été 2019-2020, on estime que sept millions d'hectares sont partis en fumée

et que trois milliards d'animaux ont été tués ou déplacés. On a pu attribuer en partie ces incendies au réchauffement climatique, même si de nombreux membres du gouvernement australien l'ont nié à l'époque.

Sauver des espèces individuelles ou même des groupes d'espèces ne suffira pas. Des habitats entiers vont bientôt disparaître.

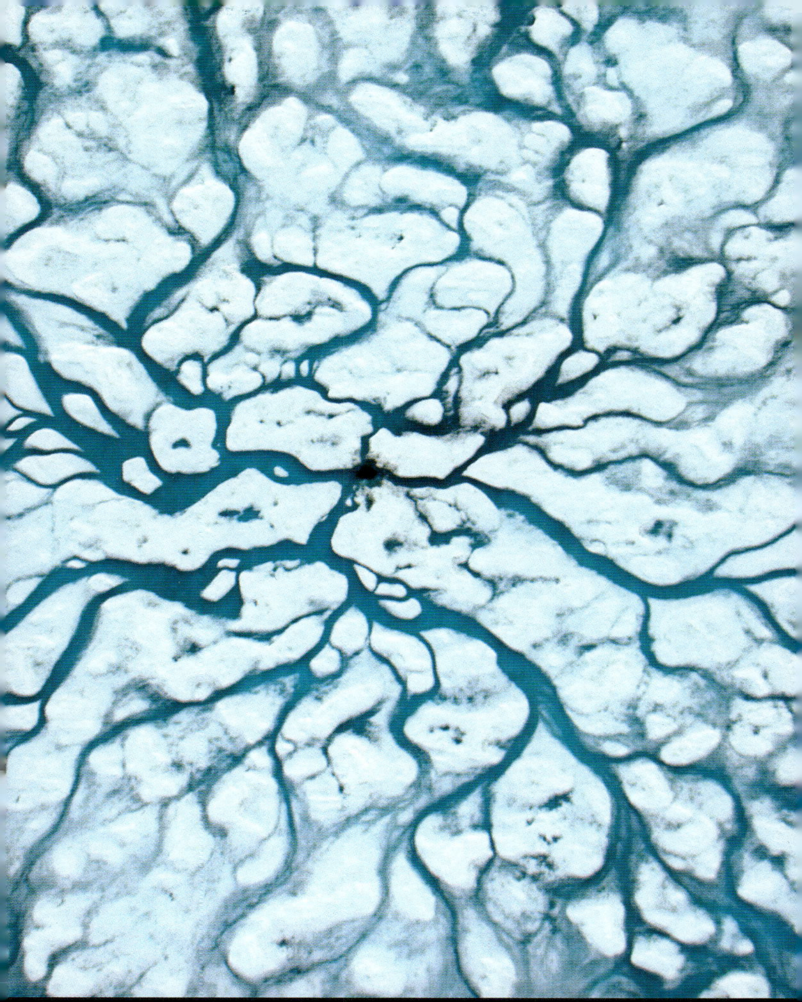

Régions polaires : l'habitat le plus reculé de tous,
aux extrêmes nord et sud de la planète. Des endroits
qui dépassent notre imagination avec des paysages uniques
sur terre et des espèces adaptées aux conditions
de vie extrêmes. Mais ce monde lointain change.

La pollution de l'océan par le plastique : un requin-baleine filtrant une eau polluée pour se nourrir ingère du plastique

Un ouvrier chinois trie des bouteilles en plastique pour recyclage,
au village de Dong Xiao Kou, à la périphérie de Pékin.

Un phoque moine hawaiien empêtré dans du matériel
de pêche au large de l'atoll de Kure, dans le Pacifique.
Le phoque a ensuite été délivré et relâché
par le photographe.

« J'ai longtemps soutenu le WWF. En 2016, je suis intervenu lors du lancement du *Rapport Planète Vivante*, leur bilan de santé de la terre publié tous les deux ans, qui est devenu l'indicateur de référence du déclin de la biodiversité sur notre planète. »

Dian Fossey avec des gorilles des montagnes au Rwanda. Elle a attiré l'attention du monde sur la situation critique de cette espèce de gorille et nous a permis de les filmer pour *La Vie sur la Terre*.

« Durant le tournage de *Terres de glace*, j'ai accompagné des scientifiques de l'Institut polaire norvégien qui anesthésiaient des ours polaires avec des fléchettes-seringues tirées d'un hélicoptère. Depuis plusieurs années, des études ont révélé que les ours perdaient du poids car il devenait difficile pour eux de chasser les phoques sur la banquise en régression. Si cette tendance se confirme, elle mènera probablement à l'extinction de l'espèce. »

Lors des événements précédents, il a fallu une activité volcanique allant jusqu'à un million d'années pour extraire assez de carbone de la terre et déclencher une catastrophe

En brûlant des millions d'années de combustibles fossiles en même temps, comme le charbon et le pétrole, l'homme y est parvenu en moins de deux cents ans.

La centrale solaire de Ouarzazate, au Maroc, la plus grande du monde, est conçue pour fournir de l'électricité, y compris la nuit, en se servant de l'énergie stockée dans du sel fondu

« Nous parlons souvent de sauver notre planète, mais la vérité c'est que nous devons agir pour nous sauver nous-mêmes. »

RÉENSAUVAGER LES MERS

L'océan couvre les deux tiers de la surface de notre planète. Du fait de sa grande profondeur, il contient une proportion encore supérieure d'espace habitable. Il occupe donc une place de choix dans notre révolution visant à rendre le monde à la nature sauvage. En aidant le milieu marin à se reconstruire, nous pouvons atteindre des objectifs que nous avons absolument besoin de conjuguer : capter le carbone, enrichir la biodiversité et accroître nos ressources alimentaires. Cette opération doit commencer avec l'activité qui cause actuellement les plus grands dommages à l'océan, à savoir la pêche.

La pêche constitue la plus importante exploitation des ressources sauvages existant sur le globe, ce qui signifie qu'elle peut continuer, à condition que nous la pratiquions à bon escient, car elle implique un intérêt réciproque : plus l'habitat marin sera sain et riche en biodiversité, plus les poissons seront abondants et plus il y aura à manger. D'où viennent donc les problèmes actuels ? Nous pêchons trop certaines espèces et dans certaines zones. Nous gaspillons les ressources. Nous recourons à des techniques de pêche inadaptées, qui ruinent l'écosystème. Et plus nocif encore : nous pêchons partout. Il ne reste plus de refuges dans l'océan. Les biologistes marins, tel le professeur Callum Roberts, expliquent que tous ces problèmes peuvent être résolus si nous adoptons une approche mondiale, fondée sur les informations que nous fournissent déjà les sciences de la mer.

Tout d'abord, nous devrions créer un réseau de zones interdites à la pêche dans toutes les eaux côtières. Il existe actuellement plus de 17 000 aires marines protégées (AMP)* à travers le monde. Mais elles ne représentent que 7 % des océans et certains types de pêche sont encore autorisés dans de nombreuses AMP[12]. Il est impératif que des portions substantielles des océans soient entièrement interdites à la pêche, vu le mode de reproduction des poissons. Les zones sans pêche permettent aux poissons de devenir plus vieux et plus gros, et les individus de grande taille ont une descendance infiniment plus nombreuse. Cette dernière, à son tour, repeuple les eaux voisines où l'on pratique la pêche. De telles retombées positives (ce qu'on appelle le *spill-over**) ont été observées autour des AMP les mieux protégées, des tropiques à l'Arctique. Les communautés de pêcheurs s'opposeront sans doute aux restrictions de pêche quand elles seront mises en place, mais au bout de quelques années elles commenceront à en éprouver les bienfaits.

L'aire marine protégée de Cabo Pulmo se trouve à la pointe de la Basse-Californie, au Mexique. Dans les années 1990, cette zone maritime subissait une surpêche importante. Ne sachant comment s'en sortir, la communauté des pêcheurs a accepté les propositions d'océanologues visant à transformer plus de sept mille hectares de leurs eaux côtières en zone sans pêche. Les gens de la région racontent que les années suivant l'instauration de l'AMP, en 1995, ont été les plus dures de leur vie. Les familles de pêcheurs faisaient très peu de prises dans les eaux avoisinantes et devaient survivre avec des coupons alimentaires offerts par le gouvernement mexicain. Les pêcheurs voyaient les bancs de poissons grossir dans l'AMP, et ils étaient souvent tentés d'enfreindre l'interdiction. Seule la confiance que la communauté accordait aux océanologues lui permit de tenir bon. Il fallut environ dix ans pour que les requins reviennent à Cabo Pulmo. Les pêcheurs les plus âgés se souvenaient d'en avoir vu dans leur enfance et savaient que leur présence était signe que la vie marine renaissait. Au bout de quinze ans seulement, la densité de la faune dans la zone sans pêche avait augmenté de plus de 400 %, pour atteindre un niveau similaire à celui de récifs n'ayant jamais subi de pêche. Les bancs de poissons commençaient à s'étendre dans les eaux environnantes et les prises des pêcheurs étaient plus abondantes que depuis des décennies. De surcroît, la communauté se retrouvait avec une attraction touristique à sa porte. De nouvelles sources de revenus s'offraient aux habitants de Cabo Pulmo – centres de plongée, chambres d'hôtes et restaurants[13].

Le modèle de l'AMP fonctionne car il nous empêche de faire quelque chose que nous n'aurions dû jamais commencer : puiser au cœur des stocks de poissons, le capital de l'océan. Quand il existe des zones sans pêche au milieu d'un territoire où la pêche est légale, nous devons nous contenter de vivre de nos intérêts. N'importe quel financier vous dira que c'est une approche durable et raisonnable. Et comme les zones sans pêche favorisent l'abondance de toutes les populations de poissons, le capital ne cesse d'augmenter et rapporte ainsi de plus en plus d'intérêts – il y a davantage de poissons dans nos filets. Comme il devient plus facile de prendre du poisson, la quantité de combustible

Plongeur regardant un énorme banc
de carangues aux gros yeux (*caranx sexfasciatus*),
Cabo Pulmo, Basse-Californie du Sud, Mexique

fossile utilisée en mer diminue, de même que le nombre de prises accessoires, et on est libre de rester à terre quand la mer est mauvaise. Des AMP bien conçues et gérées avec efficacité ouvrent la voie à une pêche en harmonie avec l'océan. D'après certaines estimations, il suffirait qu'un tiers de l'océan soit transformé en zone sans pêche pour que les stocks de poissons se reconstituent et nous permettent une pêche durable à long terme.

Les zones les plus propices à l'installation de ces AMP sont celles où la faune marine trouve les meilleures conditions de reproduction, les nurseries de l'océan : récifs rocheux et coralliens, monts sous-marins, forêts de kelp, mangroves, herbiers et marais salés. Nous devrions laisser ces parties de l'océan prospérer, et pêcher dans les eaux environnantes. Ce n'est pas un hasard si ces zones sont aussi celles qui peuvent nous aider le mieux à atteindre notre autre objectif essentiel : capter le carbone. À l'heure actuelle, malgré leur état d'épuisement, les marais salés, les mangroves et les herbiers marins éliminent à eux seuls l'équivalent de la moitié de toutes nos émissions dues aux transports[14]. Si l'on interdisait la pêche dans ces habitats, ils se rétabliraient et piégeraient encore davantage de carbone.

Nos méthodes de pêche jouent aussi un rôle important. Nous pratiquons actuellement une pêche beaucoup trop systématique. Il nous faut passer à un modèle plus intelligent, où les filets soient dotés de trappes de sortie pour les espèces non ciblées, où les grands prédateurs comme les thons soient pêchés à la canne, où la pêche destructrice en eau profonde soit interdite. Nous devons contrôler constamment nos principaux stocks de poissons et être assez raisonnables pour nous en tenir à des rendements pérennes[15]. Il faudrait encourager les méthodes de *blockchain* (chaîne de blocs)*, permettant la traçabilité du producteur au consommateur, afin de connaître précisément l'origine des poissons que nous mangeons et de privilégier les entreprises pratiquant la pêche durable.

Notre but ultime devrait être de pouvoir pêcher indéfiniment, au lieu de viser à un profit immédiat, en tenant compte du fait que la pêche constitue une ressource dont tous devraient pouvoir profiter, notamment ce milliard d'êtres humains, appartenant pour la plupart à des communautés défavorisées, pour qui le poisson constitue la première source de protéines. Cette ambition de prendre ce dont on a besoin, et non tout ce qu'on peut attraper, fait partie des traditions du peuple des Palaos, une nation insulaire du Pacifique tropical. Ayant vécu dans leur archipel pendant quatre mille ans, séparés du reste du monde par des centaines de milles d'océan, les habitants ont toujours accordé une importance cruciale à la durabilité de leurs stocks de poissons. Pendant des générations, les anciens ont contrôlé avec soin la pêche sur leurs récifs et agi rapidement au moindre signe de déclin du stock. Ils recourent à l'antique usage de l'interdit – « *bul* » – pour convertir du jour au lendemain un récif en zone sans pêche, en refusant de lever cet interdit tant que les poissons du récif ne prospèrent pas de nouveau dans les eaux avoisinantes.

Cette tradition est aujourd'hui au cœur de la politique de pêche dans le pays. Tommy Remengesau Jr, élu président à quatre reprises, se définit lui-même comme un pêcheur ayant pris un congé pour servir dans le gouvernement. Il a assisté au boom démographique de son pays, à l'avènement du tourisme et aux incursions des flottes de pêche japonaises, philippines et indonésiennes dans les eaux des Palaos. Quand la pression sur l'océan est devenue excessive, il a agi comme n'importe quel ancien de l'archipel – il a mis fin à la pêche intensive. La pêche a été entièrement interdite sur certains récifs et limitée sur d'autres à des pratiques peu impactantes. D'autre part, l'instauration d'interdictions saisonnières a permis aux espèces menacées de poissons de se reproduire en paix. Mais le plus impressionnant, c'est la décision de Remengesau concernant les eaux profondes de l'archipel. Il a proclamé que l'exportation de poissons n'était pas une obligation pour les Palaos. Le pays devait plutôt viser à ne faire que les prises suffisantes pour nourrir la population locale et les visiteurs – en d'autres termes, c'était un retour à la pêche de subsistance. Il réduisit drastiquement le nombre de permis de pêche disponibles et instaura une zone sans pêche dans les quatre cinquièmes des eaux territoriales du pays, soit l'équivalent de la superficie de la France. Dans le reste des eaux territoriales, un nombre limité de bateaux continuent de pêcher juste ce qu'il faut de thons pour les Palaos et les touristes. Remengesau est fier que son pays, grâce aux effets du *spill-over*, fasse cadeau à ses voisins de stocks de poissons constamment renouvelés.

Une opportunité incomparable se présente aujourd'hui pour appliquer cette sage politique aux trois quarts de l'océan – la moitié de la superficie de la Terre. Les eaux internationales du grand large n'appartiennent à personne. Elles sont un espace commun où tous les États sont libres de pêcher à leur guise. Et c'est bien là le problème. Quelques pays se sont engagés à verser des millions de dollars en subventions pour leurs flottes de haute mer, ce qui pousse les pêcheurs à travailler même quand les prises sont trop rares pour que ce soit rentable. En fait, on se sert de l'argent public pour vider les océans. Les pires délinquants sont la Chine, l'Union européenne, les États-Unis, la Corée du Sud et le Japon, qui tous pourraient se permettre d'abolir cette pratique. On peut l'espérer : alors que j'écris ces lignes, les Nations unies et l'Organisation mondiale du commerce travaillent à une nouvelle réglementation pour la haute mer[16]. Elles s'attachent à mettre un terme aux subventions nocives et à donner un peu de répit à la faune victime de la surpêche dans les eaux profondes du globe. Toutefois, il est évident que nous devrions aller beaucoup plus loin. Si toutes les eaux internationales devenaient une zone sans pêche, la haute mer cesserait d'être épuisée par notre activité effrénée et se transformerait en un milieu sauvage prospère, qui apporterait davantage de poissons dans nos eaux côtières et nous aiderait par sa diversité dans nos efforts pour capter le carbone. Elle constituerait la plus grande réserve naturelle du monde, et cette immensité n'appartenant à personne aurait droit aux soins de tous.

Cependant, nous avons déjà dépassé le point où ce genre d'approche peut suffire – 90 % des populations de poissons font l'objet d'une pêche intensive ou excessive. On peut le constater d'après les statistiques des prises mondiales depuis quelques années. Nous avons atteint un autre pic – le pic de prises* – au milieu des années 1990, à l'époque du tournage de *La Planète bleue*. Depuis lors, nous n'avons jamais réussi à tirer plus de 84 millions de poissons de l'océan. Pourtant la demande n'a cessé de croître, bien entendu, à mesure qu'augmentaient la population mondiale et le revenu moyen. Où avons-nous trouvé nos ressources supplémentaires en poissons ? L'élevage des poissons, ou aquaculture, connaît une croissance exponentielle depuis cette époque. En 1995, l'aquaculture fournissait 11 millions de tonnes de produits de la mer. Aujourd'hui, elle produit au total 82 millions de tonnes de nourriture[17]. Nous avons bel et bien doublé nos prises grâce à l'aquaculture.

Potentiellement, nous pourrions nous servir de l'aquaculture pour réduire au niveau mondial la demande en produits de la mer sauvages quand c'est nécessaire, mais jusqu'à présent notre approche industrielle multiplie les pratiques non durables. Les habitats côtiers tels que les mangroves et les herbiers marins ont été détruits pour créer des élevages proches du rivage. Les animaux élevés – poissons, crevettes et palourdes pour l'essentiel – manquent souvent d'espace et les maladies sont fréquentes, ce qui contraint les éleveurs à recourir aux antibiotiques et aux désinfectants, lesquels peuvent se répandre dans les eaux environnantes en même temps que la maladie elle-même. On nourrit les prédateurs, comme le saumon, avec des milliers de tonnes de petits poissons que nous tirons des océans en privant ainsi de nourriture les populations de poissons sauvages, une pratique aussi nuisible que la surpêche. Les élevages peuvent produire d'énormes quantités d'effluents qui s'écoulent depuis les enclos dans les eaux environnantes. En 2007, les gigantesques élevages chinois de crevettes on produit à eux seuls 43 milliards d'effluents, en fertilisant ainsi à l'excès les eaux peu profondes et en favorisant la prolifération d'algues vidant les eaux côtières de leur oxygène. Certains élevages sont infestés de toxines apportées par les fleuves, ce qui a fait naître des craintes d'intoxication alimentaire. Des espèces venues d'ailleurs s'échappent souvent des élevages, en faisant des ravages dans les fragiles écosystèmes des eaux étrangères.

Il faut reconnaître que les meilleures pratiques en usage aujourd'hui dans l'aquaculture marine apportent des réponses à tous ces problèmes[18]. Les producteurs qui les adoptent nous montrent comment nous pourrions bientôt obtenir des élevages durables dans l'océan. Leurs enclos sont répandus sur une surface importante pour affaiblir leur impact, et beaucoup se trouvent au large, à plusieurs kilomètres du rivage, afin de bénéficier de courants plus forts. La densité des poissons y est réduite pour éviter les maladies. En outre, les poissons sont vaccinés de façon à ne pas contaminer l'eau avec des antibiotiques. Les prédateurs sont nourris d'huiles végétales d'origine agricole et de protéines d'insectes provenant de « fermes urbaines » élevant des milliards de mouches grâce aux déchets alimentaires des villes côtières. Les exploitations piscicoles ont plusieurs niveaux : des cages de concombres des mers et d'oursins (deux mets appréciés des Asiatiques) sont suspendues sous les enclos et leurs occupants se nourrissent des déchets déversés par les poissons. Les enclos sont entourés de cordes couvertes de moules et de palourdes, de frondes pendantes d'algues comestibles, qui bénéficient toutes des excédents de nourritures et de déchets de l'enclos transportés par les courants de surface.

Pour les habitants des rivages du monde entier, le potentiel de ces méthodes durables, permettant d'augmenter les ressources alimentaires et financières qu'ils tirent de la mer sans nuire à l'environnement, est extraordinaire. Il se pourrait que dans un proche avenir des paysans des mers s'installent à quelques encablures des côtes les plus proches de chez vous.

Il se pourrait même que des « forestiers des mers » se joignent à eux. Le kelp est l'algue qui pousse le plus vite, puisqu'il est capable d'accroître d'un demi-mètre en un seul jour la longueur de ses larges frondes brunes. Il s'épanouit dans les eaux côtières froides et riches en nutriments, où il forme d'immenses forêts pouvant se targuer d'un niveau exceptionnel de biodiversité. Nager à travers une de ces forêts, en écartant les frondes imposantes et rugueuses, est une expérience incroyable. On ne sait jamais vraiment à quoi s'attendre quand le kelp effleure votre masque ! Ces forêts sont exposées aux attaques des oursins. Si jamais nous avons éliminé les animaux mangeant des oursins, comme les loutres de mer, ils peuvent dévorer des forêts entières de kelp. Mais avec notre aide ces forêts pourraient retrouver leur vitalité, ce dont nous tirerions des profits appréciables. En grandissant, le kelp abrite des populations d'invertébrés et de poissons. Plus important encore, il capte d'énormes quantités de carbone. Des expériences ont prouvé que chaque tonne de kelp desséché contenait l'équivalent d'une tonne de CO_2. Nous pourrions récolter le kelp dans le cadre d'une exploitation durable et l'utiliser comme une source nouvelle de bioénergie. Contrairement aux cultures énergétiques sur la terre ferme, les forêts de kelp restaurées ne feraient pas concurrence en termes d'espace aux humains ni aux espèces sauvages terrestres. En les combinant avec la technologie CSC qui capte le dioxyde de carbone à mesure que le kelp est digéré, nous nous avançons dans un territoire nouveau. Désormais, notre production d'énergie peut en fait supprimer le carbone dans l'atmosphère[19]. En outre, il serait aussi possible de récolter le kelp pour nourrir les humains, le bétail ou les poissons, ou pour en extraire des éléments biochimiques utiles. De nombreux chercheurs étudient actuellement la viabilité de la foresterie marine* à grande échelle, de sorte que nous saurons bientôt si elle est possible. Il est du moins certain que si nous cessons de surexploiter l'océan et commençons à en tirer parti tout en lui permettant de prospérer, il nous aidera à restaurer la biodiversité et la stabilité de la planète avec une rapidité et une ampleur que nous ne pouvons espérer atteindre par nos seuls moyens. Des pêcheries mieux gérées, un réseau bien conçu d'aires marines protégées, des soutiens aux communautés locales souhaitant adopter une gestion durable de leurs eaux côtières, le rétablissement des mangroves, des herbiers marins, des marais salés et des forêts de kelp dans le monde entier, telles sont les solutions pour y parvenir.

Kelp géant, *macrocystis pyrifera*

OCCUPER MOINS D'ESPACE

La transformation des habitats sauvages en terres agricoles à mesure que l'humanité étendait son territoire pendant l'Holocène constitue la cause directe et essentielle de l'érosion de la biodiversité depuis que nous habitons cette planète. L'immense majorité de cette transformation a eu lieu à une époque récente. En 1700, nous ne cultivions qu'un milliard d'hectares environ à la surface du globe. Aujourd'hui, nos cultures couvrent près de cinq milliards d'hectares, c'est-à-dire l'équivalent de l'Amérique du Nord, de l'Amérique du Sud et de l'Australie réunies[20]. Ce qui signifie que nous nous réservons plus de la moitié des terres habitables de la planète. Pour obtenir nos quatre milliards d'hectares supplémentaires au cours des trois derniers siècles, nous avons arraché forêts saisonnières et pluviales, régions boisées et broussailles, nous avons asséché les marais et clôturé les prairies. Non seulement cette destruction des habitats a été la cause majeure du déclin de la biodiversité, mais elle a été et est encore aujourd'hui l'un des principaux moteurs des émissions de gaz à effet de serre. Les plantes et les sols terrestres renferment deux à trois fois autant de carbone que l'atmosphère[21]. À force d'abattre les arbres, de brûler les forêts, de draguer les marais et de cultiver des herbages sauvages, nous avons rejeté dans l'atmosphère les deux tiers de ce carbone stocké au cours de l'histoire. La destruction du monde sauvage nous a coûté cher.

Une fois installé, le paysage moderne né de l'agriculture industrielle n'est pas pour autant un substitut à la nature sauvage. Il est aisé de regarder ce paysage et de le trouver naturel, mais en réalité il est absolument anormal. Les terres agricoles et les habitats sauvages ont des fonctionnements radicalement différents. Ces derniers ont évolué de façon à assurer leur propre subsistance. Dans un écosystème, les plantes coopèrent pour capter et stocker tous les précieux ingrédients de la vie – l'eau, le carbone, l'azote, le phosphore, le potassium et ainsi de suite. De telles communautés doivent atteindre l'autosuffisance et construire l'avenir. Avec le temps, elles stockent le carbone, acquièrent une structure plus complexe, une biodiversité supérieure, et leurs sols deviennent riches en matériaux organiques.

Le paysage agricole moderne est bien différent. C'est nous qui assurons sa subsistance. Nous lui donnons tout ce dont il nous semble avoir besoin, et nous supprimons tout le reste. Si le sol est pauvre, nous lui ajoutons des engrais, au point parfois qu'il devient en fait toxique pour les micro-organismes vivant dans la terre. S'il n'y a pas assez d'eau, nous la faisons venir d'ailleurs, en réduisant d'autant l'alimentation en eau des systèmes naturels. Si d'autres plantes poussent au même endroit, nous les tuons avec des herbicides. Si des insectes ralentissent la croissance de nos récoltes, nous les supprimons avec des pesticides. Au terme de la saison de croissance, nous arrachons souvent toutes les plantes et retournons le sol, en l'exposant à l'air et au soleil au détriment de son stock de carbone. Nous laissons nos troupeaux paître les prairies des années durant, jusqu'à ce que l'herbe ait perdu toutes ses réserves et soit épuisée. Les besoins des campagnes sont satisfaits de l'extérieur, de sorte qu'elles n'ont pas à construire l'avenir. Avec le temps, la plupart des territoires où sévit l'agriculture industrielle émettront du carbone, acquerront une structure plus simple, perdront la biodiversité de leur sol et ses matériaux organiques[22].

Même si leur aspect nous séduit, les collines couvertes de champs, les vignobles et les vergers constituent un environnement stérile, comparé aux espaces sauvages qu'il a remplacés. La vérité, c'est que nous ne pouvons espérer mettre fin au déclin de la biodiversité et adopter un mode de fonctionnement durable sur cette terre tant que nous n'aurons pas renoncé à l'expansion de l'agriculture industrielle. En fait, si nous voulons permettre à la nature de retrouver son équilibre, nous devons aller plus loin et réduire activement la surface que nous occupons, afin de rendre de l'espace au monde sauvage. Mais comment espérer y parvenir ? Nous avons tous besoin de manger, et à mesure que la population augmentera et que le niveau de vie s'élèvera, la quantité de nourriture nécessaire ne fera que s'accroître. Comme nous le verrons plus loin, remédier à notre immense gaspillage alimentaire sera certainement utile, mais même ainsi les experts ont calculé que l'industrie alimentaire devra fournir plus de nourriture dans les quatre prochaines décennies que tous les paysans de l'histoire pendant l'Holocène. Il convient de résoudre un problème crucial : comment produire plus d'aliments en cultivant moins de terres ?

Par leur exemple inspirant, quelques fermiers hollandais font partie des gens les mieux placés pour nous dire comment procéder. Les Pays-Bas comptent parmi les pays les plus densément peuplés au monde. Leur surface agricole modeste est couverte de fermes plus petites que dans bien des pays industrialisés et le manque d'espace rend toute expansion impossible. Face à cette situation, les fermiers hollandais sont devenus experts dans l'art d'exploiter au mieux le moindre hectare. Le coût environnemental a été très élevé, mais ces familles de fermiers ont connu depuis quatre-vingts ans une évolution qui pourrait servir d'exemple pour les agriculteurs du monde entier.

Dans les années 1950, après les traumatismes de la Seconde Guerre mondiale, beaucoup de familles aux Pays-Bas aspiraient à être autosuffisantes et à posséder assez de terres pour produire leur propre nourriture. Leur ferme modeste avait en général un peu de bétail, quelques céréales et quelques légumes. Quand la génération suivante a hérité de ces fermes, dans les années 1970, elle a instauré l'industrialisation grâce à des produits de plus en plus accessibles à l'époque : engrais, serres, machines, pesticides et herbicides. Chaque ferme s'est spécialisée dans une ou deux cultures, et les familles sont devenues expertes à optimiser les rendements. Mais cette productivité reposait sur l'emploi du diesel et des produits chimiques. Cette histoire n'a cessé de se répéter à travers le monde. La biodiversité, la qualité de l'eau et d'autres critères environnementaux se sont gravement détériorés. Quelques années plus tard, cependant, au tournant du millénaire, leurs enfants ont pris le relais et certains pionniers au sein de cette génération avaient une ambition nouvelle : continuer d'augmenter les rendements tout en réduisant l'impact environnemental. Ces jeunes paysans ont élevé des éoliennes ou creusé des puits géothermiques sous leur ferme pour chauffer leurs serres avec des énergies renouvelables. Ils ont installé des systèmes de climatisation automatisés pour maintenir les serres à une température idéale tout en réduisant les pertes en eau et en chaleur. Ils ont entrepris de collecter toute l'eau de pluie dont ils avaient besoin sur le toit de leur serre. Ils ont planté leurs cultures non pas dans le sol, mais dans des gouttières remplies d'une eau riche en nutriments afin de minimiser les apports et les pertes. Ils ont remplacé les pesticides par l'introduction raisonnée de prédateurs naturels, si bien que les colonies d'abeilles de la ferme pouvaient polliniser les cultures en toute sécurité. Pour travailler dans les champs, ils se sont mis à mesurer le niveau en eau et en nutriments de chaque mètre carré, de façon à maintenir autant que possible l'hydratation et la bonne santé des sols. Ils ont appris à fabriquer leurs propres engrais et même les emballages de leurs produits avec les tiges et les feuilles mortes restant après la moisson.

Ces fermes durables et innovantes comptent parmi les fournisseurs de produits alimentaires aux rendements les plus élevés et à l'impact le plus réduit de la planète. Si tous les fermiers des Pays-Bas, et en fait du monde entier, pratiquaient l'agriculture dans l'esprit de ces familles de pionniers hollandais, nous serions capables de produire une quantité bien supérieure de nourriture sur des surfaces très inférieures[23]. Cela dit, l'approche *high-tech* de l'agriculture est coûteuse à mettre en place. Elle peut se révéler inspirante pour les grandes sociétés de production alimentaire dont dépendent une grande partie des terres agricoles du globe, mais elle ne sera d'aucune aide pour les petites exploitations pratiquant une agriculture de subsistance. Pour ces dernières, il existe des méthodes *low-tech* efficaces, qui ont fait

Tomates mûrissant sur des tiges pendantes
dans une serre immense, Pays-Bas

leurs preuves dans différentes situations à travers le monde pour améliorer les rendements et réduire l'impact. L'agriculture régénératrice* constitue une approche peu coûteuse capable de revivifier les sols épuisés de la plupart des champs en réintroduisant dans la terre de la matière organique riche en carbone[24]. Les adeptes de cette approche ne labourent pas et ne retournent pas la terre, pour éviter de l'exposer au soleil et de rejeter du carbone dans l'atmosphère. Ils renoncent à l'emploi d'engrais, car ceux-ci ont tendance à réduire la biodiversité du sol et à empêcher son fonctionnement équilibré. Ils sèment diverses « cultures couvrantes » après la moisson, pour abriter le sol de la lumière solaire et de la pluie, et pour réintroduire les nutriments dans la terre à travers les racines des plantes. Ils alternent les cultures dans chaque champ au fil des ans, en recourant jusqu'à dix espèces distinctes exigeant chacune une gamme différente de nutriments dans la terre, de façon que le sol ne s'épuise jamais. La rotation des cultures réduit aussi les invasions d'animaux nuisibles, ce qui permet de réduire l'emploi des pesticides. Les paysans peuvent même intercaler les cultures, en alternant des rangées de plantes différentes dans un même champ, dont l'action conjuguée nourrit le sol au lieu de l'appauvrir. Ces techniques finiront par régénérer un sol épuisé, rendre absolument inutile l'emploi d'engrais et capter du carbone dans l'atmosphère pour le piéger dans le sol. Environ un demi-milliard d'hectares de champs ont été abandonnés dans le monde entier du fait de leur épuisement, surtout dans les pays les plus pauvres. L'agriculture régénératrice pourrait contribuer à en faire de nouveau des terres fertiles, tout en stockant un montant estimé de vingt milliards de tonnes de carbone.

Par-delà les campagnes, il existe maintenant une génération montante de paysans qui produisent de la nourriture dans des espaces déjà occupés à d'autres fins. L'agriculture urbaine* consiste à produire des cultures commerciales au cœur des villes. Les paysans urbains cultivent leurs plantes sur les toits, dans des bâtiments abandonnés, en sous-sol, sur les rebords de fenêtres de bureaux, sur des murs d'immeubles, dans les conteneurs d'anciens sites industriels ou même au-dessus de parkings, dont les voitures sont ombragées par les plantations. Leurs fermes recourent souvent à la climatisation, à l'éclairage basse consommation et aux cultures hydroponiques* pour optimiser les conditions de croissance et réduire au minimum la nécessité d'ajouter au sol de l'eau et des nutriments. Non seulement les fermes urbaines emploient judicieusement de l'espace gaspillé, mais elles se trouvent au même endroit que leurs clients, ce qui réduit grandement les émissions dues au transport.

L'agriculture verticale* constitue une application à grande échelle de ce concept. Des étages de différentes plantes, souvent des salades, sont superposés, éclairés par des LED fonctionnant à l'énergie renouvelable et approvisionnés en nutriments par des conduites d'alimentation. La construction de fermes verticales est coûteuse, mais elles ne sont pas sans avantages. Elles multiplient jusqu'à vingt fois le rendement à l'hectare. Elles ne souffrent pas des caprices atmosphériques et peuvent constituer un milieu clos, sans herbicides ni pesticides. Plusieurs entreprises commerciales de ce type fonctionnent déjà et fournissent les villes environnantes en petits volumes de denrées alimentaires de grande valeur, comme des feuilles de salade.

*

* *

Avec les gains permis par toutes ces innovations dans le domaine agricole, nous pouvons certainement accroître le rendement des cultures dans le monde entier tout en faisant baisser les émissions. Mais la vérité, c'est que ces perfectionnements ont leurs limites, même combinés à des mesures pour réduire le gaspillage alimentaire. Si jamais nous voulons qu'entre neuf et onze milliards d'êtres humains vivent sur terre de façon durable, il faudra que notre alimentation change. Ce que nous mangerons deviendra plus important que la quantité de nourriture que nous mangeons. Une fois encore, la nature nous donne l'explication.

Dans les grandes plaines de l'Afrique, des gazelles de Thomson passent une bonne partie de leur journée à brouter. Pour ce faire, elles doivent dépenser de l'énergie à repérer les meilleures pousses, à mordiller et mâcher l'extérieur coriace des brins pour accéder au suc nourricier. Elles ne mangent que les brins dépassant du sol, sans toucher au rhizome ni au point de croissance sous la surface. Elles perdent encore de l'énergie sous forme de chaleur quand elles digèrent l'herbe dans leur estomac, et une grande quantité de la fibre des graminées n'est pas digérée mais expulsée de leur corps sous forme d'excréments. Comme tous les herbivores, les gazelles ne peuvent utiliser qu'une partie de l'énergie captée par les plantes dont elles se nourrissent dans la lumière solaire. Il existe une déficience, une perte d'énergie entre les plantes et les herbivores. Ce qui explique que vaches et antilopes passent le plus clair de leurs jours à manger.

Une perte d'énergie entre des niveaux de la chaîne alimentaire se produit également entre herbivores et carnivores. Les guépards sont les seuls prédateurs assez rapides pour attraper une gazelle de Thomson en pleine course. Ils passent une bonne partie de leurs journées à guetter une telle opportunité. Même quand ils se mettent en chasse, ils échouent le plus souvent à abattre leur proie. Quand ils réussissent, ils ne peuvent profiter que d'une faible part de l'énergie que la gazelle a puisée dans l'herbe. Cette énergie aura déjà été consommée presque tout entière par l'animal à force de chercher de l'herbe, d'interagir avec les autres membres du troupeau et de guetter et fuir les guépards. En outre, les guépards ne mangent d'ordinaire que la chair de la gazelle, se privant ainsi de l'énergie stockée dans ses os, ses muscles, sa peau et son pelage.

Cette perte d'énergie à mesure qu'on parcourt la chaîne alimentaire explique le nombre d'animaux qu'on trouve dans le monde sauvage. Pour chaque prédateur du Serengeti, il y a plus de cent proies potentielles. Les conditions naturelles font que les grands carnivores ne peuvent exister en grand nombre.

Nous autres, humains, ne faisons partie ni des herbivores ni des carnivores. Nous sommes omnivores, c'est-à-dire que notre anatomie nous permet de digérer aussi bien des plantes que des animaux. Mais quand nous nous enrichissons, nous avons tendance à augmenter et à modifier notre alimentation. Chaque année, il y a de plus en plus de riches à manger de la viande, ce qui est au cœur de notre exploitation non durable des terres agricoles. Dans ma jeunesse, la nourriture

Gazelle de Thomson, *eudorcas thomsonii*

était relativement chère. En moyenne, on mangeait moins qu'aujourd'hui, et assurément moins de viande. Elle était réservée aux grandes occasions, ce n'est que récemment qu'elle est devenue un aliment quotidien pour beaucoup de gens dans notre monde plus prospère. De plus, la production de viande s'est industrialisée, de sorte que les prix ont baissé. Comme c'est le cas pour beaucoup de nos habitudes, la consommation de viande n'est pas également répartie à travers le monde. De nos jours, l'Américain moyen mange plus de 120 kilos de viande par an. Dans les pays européens, la consommation annuelle oscille entre 60 et 80 kilos. Le Kenyan moyen mange 16 kilos de viande. En Inde, où le végétarisme est répandu pour des raisons religieuses, la consommation moyenne est de 4 kilos par an[25].

Avant d'arriver sur notre table, un morceau de viande exige énormément d'espace pour être produit. Aujourd'hui, 80 % des terres agricoles dans le monde sont consacrées à la production de viande et de lait – quatre milliards sur nos cinq milliards d'hectares, une superficie correspondant aux deux Amériques. Étonnamment, une grande partie de cet espace est dépourvu de bétail. Il est dédié à des cultures comme le soja, qu'on cultive dans beaucoup de pays uniquement pour nourrir le bétail, les poulets et les porcs. C'est ainsi qu'il est aisé de méconnaître l'espace qu'exige réellement l'élevage. Les habitants des nations riches auront beau acheter de la viande produite dans leur pays, une partie de la nourriture des animaux viendra sans doute de pays tropicaux, qui détruisent leurs forêts et leurs herbages pour cultiver les plantes destinées au bétail. C'est principalement sous les tropiques que l'extension de la surface cultivée continue d'augmenter, du fait pour l'essentiel de l'appétit grandissant du monde pour la viande.

De toutes les viandes, le bœuf est de loin le plus nocif en moyenne par ses conditions de production. Alors qu'il constitue environ un quart de la viande que nous mangeons et ne nous apporte que 2 % de nos calories, nous consacrons 60 % de nos terres agricoles à son élevage. La production de bœuf occupe quinze fois plus d'espace par kilo que celle de porc ou de poulet. Il sera tout simplement impossible que tout le monde à l'avenir puisse envisager d'en consommer autant que les actuels habitants des nations les plus riches. Nous n'avons pas assez d'espace sur la terre pour cela.

D'innombrables études tentent déjà de définir quel régime alimentaire serait à la fois sain, équitable et durable, aussi bon pour les humains que pour la planète. Toutes concluent que nous devrons passer dans le futur à une alimentation largement *à base de plantes*, avec beaucoup moins de viande, et surtout de viande rouge[26]. Non seulement ce régime nous permettrait de réduire la quantité d'espace dont nous avons besoin pour l'agriculture et de produire moins de gaz à effet de serre, mais il serait nettement plus sain pour nous. D'après les études, si nous réduisions notre consommation de viande, les décès dus aux maladies cardiaques, à l'obésité et à certains cancers pourraient chuter de 20 %, en économisant des centaines de milliards de dollars en soins de santé à travers le monde d'ici 2050[27].

Toutefois, manger de la viande et élever du bétail tient une place importante dans la culture, les traditions et la vie sociale de beaucoup de gens. La production de viande constitue également le gagne-pain de centaines de milliers de travailleurs dans le monde, et dans beaucoup de régions il n'existe actuellement aucune alternative. Comment allons-nous réussir le passage de notre alimentation actuelle à un régime largement végétarien ? À mon avis, il s'agit là de la deuxième mutation sociale majeure que nous devrons entreprendre dans les prochaines décennies. Il nous faut non seulement éliminer de notre existence les combustibles fossiles, mais réduire notre dépendance vis-à-vis de la viande et des produits laitiers. En fait, cette révolution est déjà en marche. Des études récentes montrent qu'un tiers des Britanniques ont arrêté ou diminué leur consommation de viande, et que 39 % des Américains s'efforcent de consommer davantage de produits alimentaires à base de plantes[28]. On observe une tendance similaire dans beaucoup d'autres pays. Moi-même, sans jamais prendre une décision brutale, je me suis surpris au fil des ans à cesser graduellement de manger de la viande. Je ne puis prétendre que ç'ait été une évolution vraiment déterminée ni même que je me sente désormais un parangon de vertu, mais j'ai été étonné de constater que la viande ne me manquait pas. L'industrie alimentaire tout entière travaille aux moyens de satisfaire cette exigence nouvelle.

Tous les supermarchés et les chaînes de fast-food expérimentent aujourd'hui les protéines alternatives*, des aliments ayant l'aspect, la texture et le goût de la viande ou des produits laitiers mais sans porter atteinte au bien-être animal ni impacter l'environnement comme l'élevage du bétail. Des alternatives d'origine végétale pouvant se substituer au lait, à la crème, au poulet et aux burgers sont maintenant très répandues, et certaines imitent l'original de façon remarquable en nous apportant tous les éléments nutritifs dont nous avons besoin.

Même si le soja est un ingrédient courant dans ces produits, en les mangeant nous nous mettons en position d'herbivores plutôt que de carnivores, ce qui est nettement moins nocif pour l'environnement que la consommation d'animaux nourris au soja.

Un jour ou l'autre, les viandes propres* vont arriver dans les rayons d'alimentation. Il s'agit de produits issus d'authentiques tissus animaux sous la forme de cultures cellulaires. Comme la production de ces viandes propres ne nécessite aucun élevage, elle est très efficace. Les cultures sont nourries grâce à un milieu enrichi de nutriments essentiels. Elles n'exigent pas beaucoup d'eau, d'énergie ni d'espace, et posent nettement moins de problèmes quant au bien-être animal.

Dans un avenir plus lointain, il se pourrait que les avancées de la biotechnologie nous permettent d'utiliser des micro-organismes pour produire à la demande à peu près n'importe quelle protéine ou aliment biologique. Certains ne demanderont guère qu'un peu d'eau et d'air pour leur production, laquelle recourra aux énergies renouvelables.

À l'heure actuelle, les coûts de production de la plupart de ces protéines alternatives sont encore très élevés, car la technologie doit encore être perfectionnée. Il n'est pas encore assuré qu'elles puissent toutes être consommées par des êtres humains, et plusieurs ont été critiquées pour leur caractère ultratransformé. Certains estiment pourtant que dès qu'elles deviendront aussi bon marché que le bœuf, le poulet, le lait et même le poisson, il y aura une révolution dans nos chaînes d'approvisionnement alimentaire[29]. Les aliments pour lesquels il est aisé de trouver des substituts, comme le bœuf haché, la chair à saucisse, le blanc de poulet et les produits laitiers, pourraient passer à la production de protéines alternatives en quelques décennies. Même si des mets plus spécifiques, tels les steaks premier choix, les fromages fins et les charcuteries, restent produits selon des méthodes traditionnelles, l'humanité serait en mesure de se nourrir avec une surface agricole nettement plus réduite, en consommant beaucoup moins d'eau et d'énergie et en rejetant en quantités bien moindres des gaz à effet de serre. La révolution des protéines alternatives pourrait se révéler un stimulant notable dans nos efforts pour acquérir un mode de vie durable sur cette terre.

L'Organisation des Nations unies pour l'alimentation et l'agriculture, la FAO (*Food and Agriculture Organization*), estime qu'au rythme actuel des améliorations des techniques agricoles nous parviendrons au pic de terres agricoles* vers 2040[30]. À cette date, pour la première fois depuis l'invention de l'agriculture, voilà dix mille ans, il se pourrait que nous cessions d'occuper de plus en plus d'espace sur la planète. Cependant, en augmentant radicalement les rendements par des méthodes durables, en régénérant les terres dégradées, en cultivant de nouveaux types d'espaces, en réduisant la part de la viande dans notre alimentation et en profitant des avantages des protéines alternatives, nous pourrions aller plus loin et commencer à revenir sur l'accaparement des terres. D'après certaines estimations, l'humanité serait en mesure de se nourrir en exploitant seulement la moitié de l'actuelle surface cultivée, ce qui représenterait la superficie de l'Amérique du Nord. Et ce serait très précieux, car nous avons un besoin urgent de toutes ces terres libérées. C'est dans ce cadre que nous pourrions accomplir notre effort majeur pour accroître la biodiversité et piéger le carbone. Les paysans, qui auront été les plus affectés par la révolution verte en marche autour d'eux, auront un rôle essentiel à jouer.

RÉENSAUVAGER LES TERRES

Jadis, une bonne partie de la vieille Europe était couverte de forêts sombres et profondes. Pour les embryons de communautés paysannes dispersés à travers le continent, la forêt apparaissait presque comme un ennemi, un obstacle à leurs tentatives pour établir leurs pauvres champs et se nourrir, un lieu redoutable, hanté par d'étranges esprits et par des bêtes féroces. Le soir, les parents racontaient aux enfants des histoires pour les dissuader de s'aventurer seuls dans la forêt. Les loups feraient d'eux leur dîner. La forêt les égarerait par sa magie et ils seraient perdus pour toujours. Des sorcières étaient tapies dans ses profondeurs. On célébrait comme des héros les bûcherons et les chasseurs qui partaient à sa conquête. Le bois sauvage, avec sa végétation infatigable ensevelissant les princesses endormies et submergeant les châteaux déserts, était un monstre toujours aux aguets.

Les paysans combattaient la forêt de toutes leurs forces, en brûlant et en abattant des rangées de châtaigniers, d'ormes, de chênes et de pins, qu'ils arrachaient aux rives du fleuve et aux versants de la vallée. Ils tuaient les bêtes sauvages qui y vivaient et accrochaient leurs têtes à leurs murs en guise de trophées. Ils apprenaient à transformer les arbres, en coupant frênes, saules et noisetiers de façon à obtenir des troncs minces et élancés, se prêtant à la fabrication de clôtures, de chaume et de colonnes de lit. Leurs fermes grandissaient et leur population s'accroissait, tandis que leur peur se dissipait. La forêt était domestiquée.

La déforestation est le propre de l'homme, un symbole de notre domination. Le rapport entre le progrès humain et la destruction des forêts est si étroit qu'il existe un modèle reconnu pour le décrire. La transition forestière* consiste dans la déforestation puis la reforestation* qui tend à se produire avec le temps dans un pays en voie de développement. Quand la population humaine est réduite et dispersée sous forme de petites communautés pratiquant l'agriculture de subsistance, elle ne peut guère faire plus que de fragmenter la forêt. Cependant, le vent et la lumière s'y introduisent plus aisément, ce qui modifie son environnement intérieur et affecte la composition de ses espèces. Plus la forêt primaire est fractionnée, moins elle peut maintenir sa communauté originelle.

Quand les paysans commencent à faire du commerce avec leurs produits, une économie de marché se met en place, les fermes deviennent des entreprises, et le nombre et la taille des champs augmentent. La valeur des terres cultivées monte rapidement et la forêt subsistante devient une cible. Bientôt, il ne reste plus que des enclaves boisées et des bosquets entre les champs. Mais au fil du temps, à mesure que les pratiques agricoles améliorent leurs rendements, les villes incitent une part croissante de la population rurale à adopter une existence urbaine. Les produits agricoles et le bois sont de plus en plus souvent importés de l'étranger, de sorte que le besoin en terres diminue. On commence par abandonner des cultures marginales, et la forêt fait son retour.

Depuis la Seconde Guerre mondiale, la plus grande partie de l'Europe a atteint le stade de la reforestation dans le cadre de cette transition, c'est-à-dire que la superficie globale des forêts commence à augmenter. L'Est des États-Unis, qui avait été dépouillé de ses forêts à un rythme accéléré après l'arrivée des Européens, est lui aussi entré en phase de reforestation dans la première moitié du XXe siècle. Entre 1970 et aujourd'hui, l'Ouest des États-Unis, une partie de l'Amérique Centrale et plusieurs régions de l'Inde, de la Chine et du Japon ont fait de même. Il faut noter qu'une des raisons majeures de ce phénomène est la mondialisation, car si tous ces pays ont pu se reboiser, c'est parce qu'ils achetaient une part croissante de leur bois et de leurs produits alimentaires à des pays moins développés. Il n'est donc guère étonnant de constater que la déforestation se poursuit activement dans les tropiques. De nombreux États de ces latitudes, que les marchés paient pour fournir en viande de bœuf, huile de palme et bois dur les contrées plus riches du globe, sont en train de détruire les forêts les plus vastes et sauvages du monde – les forêts pluviales. Ne faudrait-il pas les encourager à accomplir leur transition forestière aussi vite que possible ? Malheureusement, nous ne pouvons pas nous permettre d'attendre. Si la transition forestière suit son cours dans les tropiques, la libération de carbone dans l'atmosphère et la disparition de quantité d'espèces dans les manuels d'histoire naturelle seraient une catastrophe pour le monde entier. Nous devons mettre un terme dès maintenant à la déforestation mondiale et apporter un soutien commercial et financier aux pays qui n'ont pas encore anéanti leurs forêts, afin de tirer profit de ces ressources sans les perdre.

C'est plus facile à dire qu'à faire, car la préservation des terres sauvages n'a rien à voir avec celle de l'océan. La haute mer n'appartient à personne. Les eaux intérieures sont le patrimoine de nations dont les gouvernements peuvent prendre des décisions adaptées. En revanche, la terre ferme est notre lieu de vie. Elle est morcelée en milliards de parcelles de taille différente, que possèdent, vendent et achètent des foules d'entités commerciales, politiques, communautaires et privées. Sa valeur est déterminée par les marchés. Le nœud du problème, aujourd'hui, c'est qu'il n'existe aucun moyen de calculer la valeur du monde sauvage et des services environnementaux qu'il rend au niveau aussi bien mondial que local. Cent hectares de forêt tropicale ont moins de valeur sur le papier qu'une plantation de palmiers à huile, si bien qu'il paraît avantageux de déboiser. Le seul remède pratique à cette situation consiste à changer le critère de cette valeur.

C'est précisément l'ambition du programme des Nations unies appelé REDD+*[31]. Il s'agit d'une méthode pour donner une valeur spécifique aux dernières forêts tropicales du monde en attribuant un prix à l'immense quantité de carbone qu'elles stockent, ce qui rend possible d'offrir aux personnes et aux gouvernements les maintenant dans leur état sauvage une rétribution basée en partie sur des crédits carbone. En théorie, le REDD+ devrait marcher. En pratique, les complexités de la propriété et de la valeur des terres ont soulevé des problèmes épineux. Des peuples indigènes ont protesté arguant que le REDD+ réduisait la valeur de la forêt à un simple montant en dollars et encourageait une forme nouvelle de colonialisme. L'appât du gain a attiré des spéculateurs d'autres pays, les « cow-boys du carbone », qui accourent pour s'assurer des intérêts dans ces terres forestières prenant soudain de la valeur. D'autres redoutent qu'en créant un système de compensation carbone dans les tropiques, la grande industrie ne se serve du REDD+ pour se justifier de continuer à employer les combustibles fossiles.

La triste évidence, c'est que l'avidité humaine se réveille dès qu'une source de profit apparaît. Cependant, REDD+ tire les leçons de ses projets actuellement en cours en Amérique du Sud, en Afrique et en Asie, si bien qu'on espère que l'organisation trouvera le moyen d'améliorer son approche. Nous avons besoin d'une initiative comme REDD+. C'est une tentative courageuse pour corriger une sous-estimation fondamentale de la nature, et nous devons persévérer. Nous comprenons tous instinctivement la vérité essentielle de cette démarche. Les derniers bastions naturels de la terre – forêts tropicales et autres, zones humides, herbages, régions boisées – n'ont pas de prix, en fait. Ils constituent des réservoirs de carbone que nous ne pouvons nous permettre de vider, pas plus que nous ne pouvons nous passer des services qu'ils rendent à l'environnement. Nous ne devons surtout pas perdre la biodiversité qu'ils abritent. Comment intégrer cette réalité dans notre système de valeurs ?

Peut-être nous faudrait-il changer notre évaluation. En fondant le prix de la nature uniquement sur la quantité de CO_2 capté et stocké par elle, nous courons le risque de ne plus penser qu'au carbone. Ce critère simplifie à l'excès la valeur que la nature a pour nous. Pire encore, il pourrait nous amener à considérer des plantations d'eucalyptus à croissance rapide aussi précieuses qu'une forêt riche en biodiversité. Nous serions tentés de consacrer les terres libérées de la production alimentaire uniquement à des monocultures destinées aux biocarburants, plutôt que de rétablir les forêts. Le captage et le stockage du carbone sont d'une importance cruciale, mais ils ne sont pas tout et ne pourront empêcher la sixième extinction massive. Pour créer un monde sain et durable, c'est à la biodiversité que nous devons nous attacher. Après tout, en augmentant la biodiversité, nous optimiserons automatiquement le captage et le stockage du carbone, puisque qu'un habitat remplit d'autant mieux cette mission qu'il épanouit sa diversité naturelle. À quoi ressemblerait un monde où la biodiversité serait estimée à sa juste valeur et où les propriétaires terriens seraient incités à l'enrichir le plus possible ?

Ce serait magique. Les forêts primaires tropicales, les forêts anciennes des pays tempérés, les zones humides intactes et les herbages naturels deviendraient d'un coup les biens immobiliers les plus précieux du monde ! Les propriétaires de ces espaces sauvages seraient récompensés de leur constance à les protéger. La déforestation s'interromprait aussitôt. Nous comprendrions vite que le meilleur endroit pour planter des palmiers à huile ou du soja, ce ne sont pas les terres occupées par la forêt vierge mais celles qu'on a déboisées voilà des années – après tout, elles sont légion.

Nous serions incités à trouver des moyens d'exploiter la nature sauvage sans réduire sa biodiversité ni sa capacité à capter le carbone. De telles pratiques existent déjà. L'exploration respectueuse des forêts tropicales, afin de chercher des molécules organiques inconnues pouvant mener à des traitements médicaux, des matériaux industriels ou des produits alimentaires nouveaux, serait acceptable à condition que les communautés locales l'autorisent et que les retombées financières de ces trouvailles bénéficient à ceux qui préservent la forêt. La gestion durable des forêts[32], où des arbres sélectionnés sont abattus et emportés avec soin sur un rythme reproduisant le cycle naturel des forêts, serait autorisée dans la mesure où il a été prouvé qu'elle préservait la biodiversité[33]. L'écotourisme, qui nous permet à tous de faire l'expérience des merveilles d'une nature protégée, peut apporter des revenus importants à des régions sauvages sans impact significatif. En fait, plus la nature sauvage sera répandue dans le futur, plus les touristes pourront être dispersés.

Tout cela serait de puissantes motivations pour étendre et régénérer toutes les terres voisines des zones naturelles préservées. Les mieux placées pour mener ces initiatives seraient les communautés locales et indigènes vivant dans nos contrées les plus sauvages ou à proximité. L'expérience a montré, en matière de projets de conservation, qu'un changement positif ne peut durer à long terme que si les communautés locales sont pleinement impliquées dans le processus et éprouvent directement les bienfaits d'un enrichissement de la biodiversité. Une histoire se déroulant au Kenya nous servira de démonstration. Les Masaïs sont des éleveurs nomades qui, pendant des siècles, ont fait paître leurs bovins et leurs chèvres dans les plaines du Serengeti au voisinage de la faune sauvage. Ils ne mangent pas les animaux sauvages qui les entourent. Ils acceptent même que les prédateurs prélèvent chaque année quelques proies dans leur bétail. Quand le Kenya s'est développé, la population masaï a augmenté, si bien que le surpâturage des troupeaux a commencé à devenir un problème. Leurs voisins, les animaux sauvages, se sont raréfiés. Face à cette situation, des familles masaïs se sont associées pour créer des réserves, afin de faire revenir la faune sauvage. Elles sont convenues de faire paître leurs troupeaux de façon à favoriser une végétation variée, qui attirerait en plus grand nombre des herbivores et donc des prédateurs.

À mesure que la réserve reconstitue les conditions de la vie sauvage, les familles obtiennent le droit d'installer des *safari lodges* sur leur territoire. Le modèle se met alors à fonctionner. Plus la faune sauvage revient, plus nombreux sont les visiteurs des *safari lodges* et plus importantes les retombées financières pour la communauté masaï. Au bout de quelques années, certaines familles ont entrepris de réduire les effectifs de leurs troupeaux pour favoriser encore davantage la faune sauvage. Quand j'ai visité ces réserves, en 2019, les Masaïs des jeunes générations n'hésitaient pas à expliquer qu'ils en venaient à accorder plus de valeur aux animaux sauvages qu'à leur bétail. À présent, des communautés masaïs des régions limitrophes, voyant le succès de leurs voisins, se mettent à adopter à leur tour le modèle des réserves. D'ici quelques dizaines d'années, il se pourrait que des herbages sauvages, à travers un réseau de zones protégées reliées par des corridors biologiques, s'étendent des rives du lac Victoria à l'océan Indien, simplement parce que la biodiversité se sera révélée d'une indéniable valeur pratique.

Il y a des chances pour que la nature sauvage revienne même dans des régions d'Europe depuis longtemps cultivées. À mesure que l'exigence d'espace agricole diminue, certains gouvernements européens manifestent le désir de modifier leur système de subventions afin de récompenser les

Une famille de lions dans le Masaï Mara,
extrait de *Dynasties*

paysans exploitant leurs terres de façon à développer au maximum la biodiversité et le captage du carbone[34]. Ces nouvelles règles pourraient avoir des répercussions notables pour des millions d'hectares cultivés en Europe. Nous pouvons espérer voir les haies revenir et remplacer les clôtures, constater un développement fulgurant de l'agroforesterie, où les cultures se font sous des arbres. Mares et cours d'eaux pourraient retrouver leur place dans les exploitations agricoles. Les paysans commenceraient à trouver moins attractifs les pesticides et les engrais, nocifs les uns comme les autres à la biodiversité. Ils cultiveraient plutôt des plantes écartant les animaux nuisibles et adopteraient des techniques régénératrices pour enrichir naturellement leurs sols.

Cette approche naturelle de l'agriculture pourrait trouver ses partisans les plus ardents parmi les producteurs de viande. En adoptant un régime alimentaire à base de plantes*, les gens deviendront peut-être plus exigeants pour le peu de viande qu'ils achèteront, et chercheront la qualité plutôt que la quantité. Ils seront ainsi amenés à privilégier bœufs, agneaux, porcs et poulets élevés selon des méthodes favorisant le captage du carbone et la faune sauvage. Du coup, il serait probable que les éleveurs décident de renoncer aux parcs d'engraissement et aux élevages en batterie utilisant des aliments importés, pour passer à des pratiques comme le sylvopastoralisme*, où les animaux sont nourris toute l'année dans des forêts. Le volume de la production est nettement moindre que dans l'élevage intensif, mais son aspect écologique pourrait constituer un plus. Les arbres des pâturages font mieux que compenser les émissions des animaux, auxquels ils apportent un ombrage et un abri favorables à leur santé comme à leur rendement. En contrepartie, les animaux fertilisent les sols et empêchent la pousse de plantes indésirables.

Si le sylvopastoralisme fonctionne si bien, c'est qu'il reproduit un état naturel. Aux temps préhistoriques, longtemps avant que l'Europe soit couverte d'épaisses forêts, elle abritait des forêts-parcs, une mosaïque de bois fréquemment coupés de prairies. Ce paysage était le résultat du pâturage des aurochs sauvages, ces énormes et féroces bovidés, des chevaux sauvages appelés tarpans, des troupeaux de bisons européens, d'élans et de sangliers – tous ces animaux figurent dans des peintures rupestres en France. Il s'agit d'une communauté naturelle, que deux éleveurs anglais aventureux ont tenté de reproduire dans le sud de l'Angleterre.

En 2000, Charlie Burrell et Isabella Tree ont choisi de faire confiance à Knepp Estate, leur ferme de 1 400 hectares[35]. Comme ils risquaient la faillite du fait de la hausse du coût des machines et des produits agrochimiques pour leur petite exploitation, ils se sont décidés à abandonner l'agriculture commerciale qu'ils avaient pratiquée toute leur vie et de rendre leur ferme à l'état sauvage. Ils ont déclôturé les champs, sélectionné des races de bovins, de poneys, de porcs et de cervidés reproduisant le mieux possible le mélange d'espèces qui devait exister sur ces terres voilà quelques milliers d'années. Ils ont laissé les animaux cohabiter et circuler librement toute l'année, sans compléter leur alimentation. En mêlant naturellement des herbivores, ils ont commencé à reproduire les interactions propres à la vie sauvage. C'est ainsi qu'on voit les zèbres et les gnous collaborer pour brouter les herbages. Le zèbre prend les herbes

Tarpan/cheval sauvage eurasien,
equus ferus ferus

les plus hautes et coriaces, en laissant aux gnous les graminées plus tendres qu'ils sont capables de digérer. Des études ont montré que si, de la même façon, des bovidés broutent avec des ânes, ils grossissent nettement plus en se nourrissant ensemble que séparément. De tels effets complémentaires se produisent dans un habitat sauvage. Ils jouent un rôle essentiel pour déterminer l'orientation future d'un paysage et ont commencé à transformer celui de Knepp Estate. Les animaux, en interagissant comme les espèces sauvages de l'Angleterre préhistorique, ont changé peu à peu les champs uniformes en une série de marais, de halliers, de landes et de bois. Du coup, la biodiversité dans le domaine a explosé. Il a suffi de quinze années pour qu'il devienne l'un des sites anglais les plus réputés afin de découvrir une foule d'espèces indigènes rares de plantes, d'insectes, de chauves-souris et d'oiseaux.

La *wildland farm* (ferme sauvage*) de Charlie et Isabella produit encore de la nourriture. Chaque année, ils font une estimation du nombre d'animaux que peut entretenir le paysage en pleine mutation et ils prélèvent le surplus. En fait, ils jouent le rôle d'un superprédateur.

Knepp n'est pas un projet de conservation, dans la mesure où il n'a pas de but défini ni d'espèce cible dont il privilégie la protection. Il laisse simplement les animaux configurer eux-mêmes le paysage, ce qu'ils font de façon remarquable. Outre sa biodiversité record, le domaine piège maintenant des tonnes de carbone dans ses sols enrichis, et la transformation de ses cours d'eau modère les inondations en aval. On peut dire que Knepp Estate, même s'il reste une ferme d'élevage, constitue aujourd'hui la reproduction la plus fidèle de l'ancienne Angleterre sauvage qu'on puisse voir dans le pays. Beaucoup de gens désirent visiter le domaine. Des écosafaris et du camping sauvage s'ajoutent aux revenus générés par la production de viande et par les subventions, si bien que la ferme est enfin rentable.

De telles fermes sauvages pourraient devenir monnaie courante, en une époque où la biodiversité serait dûment rétribuée. Toute combinaison d'animaux pouvant servir de substitut à la faune originelle amènerait l'habitat à revenir à son état naturel. Si l'on ne peut envisager de générer des revenus supplémentaires par le tourisme, les fermiers auraient peut-être la possibilité de se tourner vers d'autres compléments financiers, comme la production d'énergie propre. Les éoliennes géantes qu'on construit de nos jours pourraient trouver place dans un herbage voire dans une forêt, comme c'est déjà le cas en Allemagne, où il est prouvé que le développement de la vie sauvage n'en souffre pas. En recevant un soutien approprié, les éleveurs de l'avenir seraient en mesure de devenir davantage que des producteurs de viande. Ils deviendraient des ingénieurs du sol, des acteurs du marché du carbone, des forestiers, des guides touristiques, des fournisseurs d'énergie et des conservateurs de la vie sauvage – des experts de l'exploitation du potentiel naturel et de la valeur durable de leurs terres.

En théorie, avec une motivation appropriée, cette approche permettrait de transformer à grande échelle des paysages naturels. Concernant la biodiversité, les résultats sont presque toujours proportionnels à l'espace engagé. Si des propriétaires terriens voisins convenaient de partager leurs recettes, ils pourraient s'unir pour créer d'énormes parcs non clôturés, analogues à bien des égards aux réserves masaïs. Des collectifs de propriétaires terriens sont déjà en passe de réunir des centaines de milliers d'hectares dans le cadre de projets visant à augmenter la biodiversité dans les grandes plaines de l'Amérique du Nord et dans les vallées couvertes de forêts des Carpates, à l'est de l'Europe[36]. C'est possible.

Quand on travaille à grande échelle, il devient envisageable de mener à bien l'opération la plus spectaculaire et la plus controversée du réensauvagement : la réintroduction des grands prédateurs. Dans un monde où le gain en biodiversité et le captage du carbone seraient récompensés, un tel projet serait raisonnable, à condition de disposer d'assez d'espace. Il permettrait de profiter des bienfaits de ce qu'on appelle la cascade trophique*. L'exemple le plus célèbre est la réintroduction des loups dans le parc national de Yellowstone, en 1995. Avant le retour des loups, les grands troupeaux de cervidés passaient de longues heures à brouter les arbustes et les jeunes arbres poussant dans les vallées et les gorges. Dès que les loups sont arrivés, les cervidés ont cessé ce broutage, non parce qu'ils étaient tués en grand nombre par les fauves mais parce qu'ils avaient peur d'eux. Les habitudes des troupeaux ont changé. Désormais, ils se déplaçaient fréquemment et ne restaient pas longtemps à découvert. En six ans, les arbres ont repoussé. Comme ils ombrageaient les rivières, les poissons ont pu de nouveau se rassembler sans être vus. Des bosquets de trembles, de saules et de peupliers de Virginie ont couvert le fond et les versants des vallées. Le nombre d'oiseaux des bois, de castors et de bisons a augmenté. Les loups chassaient aussi les coyotes, de sorte que les populations de lapins et de souris s'en sortaient mieux. Du coup, renards, fouines et faucons sont eux aussi devenus plus nombreux. Pour finir, même les ours se sont multipliés, car ils profitaient des charognes des animaux tués par les loups. En automne, ils se régalaient des baies d'arbres ou d'arbustes qui auparavant n'auraient jamais pu porter de fruits[37].

La conclusion est claire : pour enrichir la biodiversité et piéger le carbone dans un milieu naturel comme Yellowstone, il suffit de réintroduire des loups. Cette idée fait son chemin en Europe, où il faut s'occuper des vingt à trente millions d'hectares de terres agricoles qui devraient être abandonnés d'ici 2030 du fait de la transition forestière à l'œuvre dans le continent. Il s'agit d'une superficie équivalente à celle de l'Italie. Si les forêts doivent repousser naturellement à l'emplacement des anciennes exploitations, mieux vaudrait qu'elles soient aussi propices que possible à la biodiversité et au captage du carbone. Le retour du monde sauvage devient une option politique réaliste pour les gouvernements comprenant la valeur véritable de la nature, et sa contribution à la stabilité et au bien-être.

Tout nous incite à créer un monde qui sera beaucoup plus sauvage à la fin de ce siècle qu'à son début. Les sceptiques n'ont qu'à considérer l'exemple du Costa Rica pour comprendre ce qui est possible quand les motivations sont justes. Voilà un siècle, plus des trois quarts du Costa Rica étaient couverts de forêts – des forêts pluviales tropicales, pour l'essentiel. Dans les années 1980, une exploitation forestière incontrôlée et la demande en terres agricoles avaient réduit la forêt à tout juste un quart de la superficie du pays. Inquiet à l'idée que cette déforestation continuelle puisse nuire aux services environnementaux rendus par ses espaces sauvages, le gouvernement a décidé d'agir, en accordant des subventions aux propriétaires terriens pour replanter des arbres indigènes. Vingt-cinq ans plus tard, la forêt couvre de nouveau la moitié du Costa Rica. Ses espaces sauvages contribuent de façon significative aux revenus du pays et jouent un rôle central dans son identité.

Imaginez un instant que nous réussissions à faire la même chose à l'échelle du monde. Une étude parue en 2019 laisse penser que le retour des arbres pourrait absorber en théorie les deux tiers des émissions de CO_2 restant dans l'atmosphère du fait des activités humaines[38]. Il dépend de nous de réensauvager le monde, et l'utilité d'une telle démarche ne fait aucun doute. Recréer des espaces sauvages à la surface du globe ramènerait la biodiversité, qui pourrait remplir sa mission privilégiée : stabiliser la planète.

Toucan à carène, Boca Tapada,
San Carlos, Costa Rica

PLANIFIER LE PIC DÉMOGRAPHIQUE

Jusqu'à présent, la vision présentée dans ces pages s'inquiétait de réduire l'empreinte de notre consommation et de permettre au monde sauvage de se reconstituer par des méthodes aussi variées et judicieuses que possible. Si nous adhérons sans réserve à toutes ces mesures, notre impact global sur la terre sera certainement beaucoup moins important. Même les privilégiés dont le mode de vie laisse le plus d'empreintes se rapprocheront d'une existence durable. Du coup, l'impact de notre espèce tout entière se répartirait plus équitablement. Cependant, pour réaliser la grande ambition du modèle du Donut – un monde stable où chacun ait une juste part des ressources limitées de la planète –, nous devons tenir compte du niveau de notre population.

Quand je suis né, il y avait moins de deux milliards d'humains sur la terre. Aujourd'hui, ce chiffre a presque quadruplé. La population mondiale continue de s'accroître, même si le rythme de cette croissance n'a jamais été aussi lent depuis 1950. D'après les actuelles prévisions de l'ONU, il y aura entre 9,4 milliards et 12,7 milliards d'humains en 2100[39].

Dans la nature, les populations animales et végétales d'un habitat donné demeurent stables au fil du temps, en harmonie avec le reste de la communauté. Si les vivants cohabitent en trop grand nombre, chaque individu aura plus de peine à trouver dans l'habitat de quoi satisfaire ses besoins, de sorte que certains mourront ou quitteront les lieux. Si les naissances sont trop rares, les ressources seront plus que suffisantes, ce qui permettra à l'espèce de se reproduire correctement et de réaliser de nouveau pleinement son potentiel. D'accroissements en diminutions insensibles, la population de chaque espèce tourne autour d'un niveau permettant à l'habitat de la maintenir indéfiniment. Ce niveau – la capacité porteuse* d'un environnement vis-à-vis d'une espèce donnée – représente l'essence même de l'équilibre naturel.

Quelle est la capacité porteuse de la terre vis-à-vis de l'espèce humaine ? Malgré les propositions raisonnables et les avertissements effrayants d'éminents penseurs tout au long de l'histoire, nous n'avons toujours pas atteint notre plafond naturel. Il semble que nous inventions ou découvrions sans cesse de nouveaux moyens d'exploiter l'environnement pour continuer d'assurer l'essentiel – nourriture, eau, abri – à de plus en plus de gens. En fait, c'est encore plus impressionnant. Nous parvenons sans peine à assurer beaucoup plus que l'essentiel – écoles, magasins, distractions, institutions publiques –, alors que notre population s'accroît à un rythme soutenu. Se pourrait-il que rien ne soit capable de nous arrêter ?

La catastrophe en train de se dérouler autour de nous semble indiquer le contraire. Le déclin de la biodiversité, le changement climatique, la pression sur les limites planétaires, tous ces facteurs convergent vers la même conclusion : nous sommes en passe d'atteindre rapidement la limite de la capacité porteuse de la terre à notre égard. Depuis 1987, on proclame chaque année un Jour du Dépassement mondial, censé marquer la date à partir de laquelle l'humanité a consommé l'ensemble des ressources que la Terre peut régénérer cette année-là. En 1987, nous avons dépassé les ressources de la terre le 23 octobre. En 2019, nous l'avons fait le 29 juillet. L'humanité consomme maintenant l'équivalent de 1,7 fois ce que la Terre peut régénérer en une année[40]. Même si notre empreinte en émissions de CO_2 représente 60 % du total, ce chiffre montre clairement combien notre pression sur la nature est devenue excessive. Ce dépassement est au cœur de notre non-durabilité écologique : nous portons atteinte à la capacité porteuse de la terre en entamant le capital de ses ressources. Le jour où la planète nous demandera de combler notre découvert, la catastrophe sera là.

En réduisant l'impact de notre consommation sur tous les points que nous venons d'évoquer, nous accroîtrons de nouveau la capacité porteuse de la terre avec efficacité, de façon que nous soyons plus nombreux à partager cette planète. Cependant, pour donner à chacun la juste part qu'il mérite et pour améliorer l'existence de tous comme l'exige le modèle du Donut, il est évident qu'il faudra que la croissance démographique de l'humanité se stabilise. Par bonheur, il s'avère que c'est exactement ce qui se passe quand le niveau de vie global progresse.

La transition démographique* est un terme utilisé par les géographes pour décrire l'évolution d'un pays au cours de son développement économique. Elle comprend quatre phases, même si beaucoup de pays sont encore loin d'avoir parcouru l'ensemble du cycle. Lors de cette transition, la progression se marque par des changements dans les taux de natalité et de mortalité. En progressant dans le cycle, les pays connaissent d'abord un boom démographique, suivi par une stabilisation – une maturation, pour ainsi dire. Le Japon a connu cette évolution au cours du XXe siècle. Pendant des millénaires, il en était resté à la phase 1 de la transition, sous la forme d'une société préindustrielle, fondée sur l'agriculture et sujette aux ravages des sécheresses, des inondations et des maladies infectieuses. Le taux de natalité était élevé, mais le taux de mortalité ne l'était pas moins, de sorte que la population changeait très peu, ne s'accroissant que lentement au fil des siècles. À partir de 1900, toutefois, le Japon s'est industrialisé dans l'urgence. Les gouvernements japonais du XIXe siècle, déterminés à éviter la colonisation européenne, s'étaient lancés dans une politique visant à créer « un pays riche et une armée forte ». D'énormes investissements dans les domaines de la science, des techniques, des transports, de l'éducation et de l'agriculture ont transformé la société japonaise. Du fait de l'industrialisation, le pays est passé à la phase 2, où le taux de natalité reste élevé tandis que le taux de mortalité s'effondre. Les progrès amenés par l'industrialisation dans la production alimentaire, les systèmes éducatif et médical, l'hygiène publique, ont entraîné une baisse rapide du nombre de décès. Comme les femmes continuaient d'avoir autant d'enfants que par le passé (quatre, cinq ou six en moyenne), la population du pays a connu une croissance vertigineuse. Entre 1900 et 1955, elle a doublé pour passer à 89 millions d'habitants.

Tout de suite après la Seconde Guerre mondiale, le Japon, vaincu et placé sous le contrôle des Alliés, a été contraint de renoncer à ses ambitions militaires et de se reconstruire en s'alignant sur

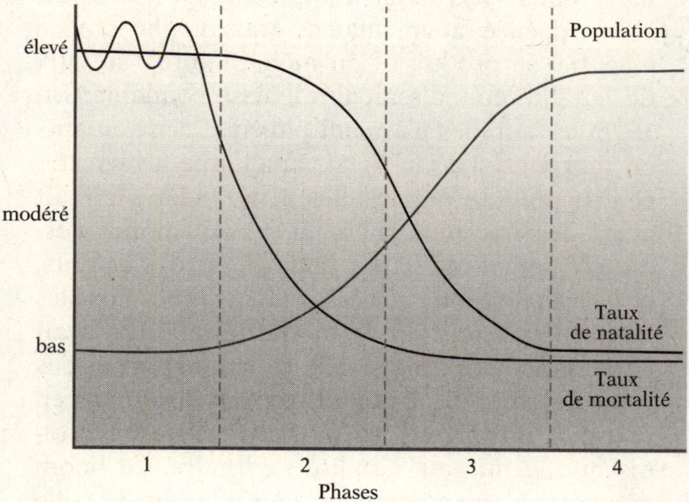

Modèle de transition démographique

l'économie mondiale. Quand la Grande Accélération est arrivée, ce qui créait une demande accrue pour des produits de consommation comme les machines à laver, les téléviseurs et les voitures, le Japon se retrouva bien placé pour devenir un fournisseur privilégié de telles technologies. Il s'ensuivit ce qu'on a appelé un « miracle économique » entre le début des années 1950 et le début des années 1970, une période où les villes grandissaient rapidement, les revenus s'accroissaient, l'éducation s'améliorait et les exigences augmentaient. Mais un phénomène essentiel se produisait en même temps : le taux de natalité connaissait une baisse soudaine. En 1975, les familles n'avaient plus que deux enfants en moyenne. La vie s'était améliorée à bien des égards pour la plupart des gens, mais elle était aussi devenue plus chère. Il y avait moins d'espace, d'argent, de temps pour élever des enfants, et il devenait moins nécessaire d'avoir des familles nombreuses, puisque la mortalité infantile avait chuté grâce aux progrès de l'alimentation et des soins de santé. Le Japon se trouvait désormais en phase 3, où le taux de mortalité reste bas tandis que le taux de natalité s'effondre. Le boom démographique a commencé à s'affaiblir, la taille moyenne des familles a diminué. La courbe de croissance arrivait à un pic.

En l'an 2000, le Japon avait 126 millions d'habitants. Il en va de même aujourd'hui – sa population s'est stabilisée. Le Japon est entré dans la phase 4 de la transition, où le taux de natalité et le taux de mortalité sont bas l'un comme l'autre, ce qui signifie qu'ils se neutralisent et que la population ne change plus. L'explosion démographique du pays n'était qu'un événement ponctuel, temporaire, auquel les progrès sociaux dus à la Grande Accélération ont fini par mettre un terme.

Cette transition démographique en quatre phases est à l'œuvre aujourd'hui dans tous les pays du globe. L'énorme accroissement de la population au XXe siècle s'explique par le passage par les phases 2 et 3 de centaines de pays à la fois. On peut dresser la carte d'une telle transition à l'échelle du monde entier. Le taux de croissance annuel de la population mondiale a atteint son pic dès 1962 pour connaître ensuite une forte baisse d'année en année, ce qui implique que le passage de la phase 2 à la phase 3 s'est produit en moyenne à ce moment-là. Depuis lors, le nombre moyen d'enfants par famille a été divisé par deux sur la terre. Au début des années 1960, les femmes avaient couramment cinq enfants. Aujourd'hui, on en est à 2,5 enfants en moyenne. Le monde approche de la fin de la phase 3[41].

Bien entendu, l'essentiel est maintenant de savoir quand le monde entrera en phase 4. À quel moment la population mondiale, à l'instar de celle du Japon, atteindra-t-elle un pic ? Ce sera un événement historique – le jour où adviendra ce que les spécialistes appellent le pic démographique* à l'échelle planétaire, c'est-à-dire le moment où l'humanité cessera de voir sa population augmenter pour la première fois depuis les débuts de l'agriculture, voilà dix mille ans. Ce sera une étape cruciale sur le chemin qui nous permettra de retrouver notre équilibre sur la terre.

Cependant, même en atteignant la phase 4, il faudra longtemps à la population humaine pour atteindre son niveau maximum, étant donné ce que le sociologue suédois Hans Rosling appelait « l'inévitable remplacement[42] ». Pour commencer, le nombre moyen d'enfants par famille doit baisser suffisamment pour que nous atteignions le pic d'enfants*, c'est-à-dire le point à partir duquel le nombre d'enfants sur la terre cesse d'augmenter. Nous devrons alors attendre que cette dernière génération – la plus nombreuse de l'histoire humaine – dépasse la période où elle aura à son tour des enfants, entre vingt et quarante ans, avant que la population commence enfin à se stabiliser. Fondamentalement, il faudra que nous ayons dépassé le « pic de mères », avec des familles aussi réduites que possible, pour que la population humaine cesse de s'accroître.

En outre, la population totale du globe est également gonflée par un phénomène qui paraît à première vue positif et dont je suis assurément un bon exemple : l'augmentation de l'espérance de vie. À mesure que les pays progressent dans leur transition démographique, ils voient leur espérance de vie augmenter rapidement. En phase 1, quand la mortalité infantile, les maladies et les carences alimentaires sont de règle, les humains vivent en moyenne quarante ans. Arrivés en phase 4, ils vivent deux fois plus longtemps. En fait, on prévoit qu'il y aura vers 2050 plus de deux fois plus d'adultes ayant dépassé soixante-cinq ans que d'enfants de moins de cinq ans. Le remplacement inévitable des générations donne à notre population un élan gigantesque, qui contraste avec l'inertie qui la caractérisait voilà un siècle, à l'orée du boom démographique. Cet élan rend peu probable que nous atteignions notre pic démographique en ce siècle. En 2019, la Division de la population de l'ONU a publié ses dernières prévisions pour la population mondiale. Elles indiquent que si la transition démographique se déroule comme nous le pensons, la population mondiale culminera vers le début du XXIIe siècle à un niveau de 11 milliards d'humains, soit 3,2 milliards de plus qu'aujourd'hui. Du fait de la nature de la courbe, l'accroissement démographique apparaît relativement limité à partir de 2075, soit dans cinquante-cinq ans seulement. Mais existe-t-il un moyen de faire en sorte que la population du globe atteigne son pic plus tôt et à un niveau plus bas ?

La Chine a cru trouver la réponse en 1980, en mettant en place sa politique de l'enfant unique. En dehors des problèmes éthiques, de la difficulté d'application et des traumatismes sociaux et culturels liés à cette politique, rien ne paraît démontrer qu'une telle approche permette d'obtenir des résultats plus rapides que le développement économique. Alors que la famille moyenne passait de six enfants à un peu plus d'un enfant en Chine continentale, au même moment son voisin taïwanais connaissait une baisse supérieure sans recourir à la politique de l'enfant unique, par le simple fait de franchir rapidement les étapes de sa transition démographique naturelle[43]. Il semble que le meilleur moyen de stabiliser la population consiste à soutenir les pays cherchant à accélérer leur transition. Concrètement, cela signifie qu'il faut aider les pays les moins développés à atteindre les buts fixés par le modèle du Donut. Nous devons leur prêter assistance tandis qu'ils s'efforcent de vaincre la pauvreté, de bâtir des systèmes de santé et d'éducation, d'améliorer les transports et la sécurité énergétique, d'attirer les investisseurs – n'importe quoi, en fait, qui puisse faire progresser la qualité de vie. Parmi toutes ces avancées sociales, il semble que l'émancipation des femmes contribue particulièrement à réduire la taille des familles[44].

Dès qu'elles peuvent disposer du droit de vote, faire des études plus longues, prendre en main leur propre vie sans obéir aux diktats masculins, avoir accès à des soins médicaux de qualité et à la contraception, être libres d'occuper n'importe quel emploi et revoir à la hausse leurs ambitions dans la vie, le taux de natalité chute. La raison est simple : l'émancipation donne la liberté de choisir, et quand la vie offre davantage d'opportunités aux femmes, elles choisissent souvent d'avoir moins d'enfants. Plus les femmes s'émancipent rapidement et pleinement, plus un pays passe à un rythme accéléré de la phase 3 à la phase 4.

Cette émancipation peut prendre une multitude de formes. Dans certaines régions rurales de l'Inde, seules 40 % des filles vont à l'école après l'âge de quatorze ans. Les établissements d'enseignement secondaire sont souvent si éloignés que les adolescentes découvrent qu'elles ne peuvent faire en une seule journée l'aller-retour nécessaire puis les tâches ménagères qu'on attend d'elles. Des gouvernements régionaux et des institutions caritatives ont réagi en fournissant gratuitement des centaines de milliers de bicyclettes. La liberté que les filles ont ainsi gagnée a augmenté de façon spectaculaire leur taux de présence. Aujourd'hui, on voit couramment dans les campagnes indiennes des groupes d'adolescentes à bicyclette, qui peuvent désormais aller au bout de leurs études.

Des chercheurs du Wittgenstein Centre de Vienne, en Autriche, ont démontré qu'un effort international d'envergure pour élever le niveau d'éducation dans le monde changerait le cours de la croissance démographique de l'humanité[45]. Dans l'une de leurs prévisions, ils ont calculé ce qui se passerait si les systèmes éducatifs des nations les

Le Mann Deshi Foundation's Bicycle Programme aide des jeunes filles de l'Inde rurale à se rendre à l'école en leur fournissant des bicyclettes.

plus pauvres s'amélioraient aussi rapidement en ce siècle qu'ils l'ont fait au siècle précédent dans les pays connaissant le développement le plus rapide. À une telle allure, le pic démographique mondial se produirait dès 2060, à un niveau de 8,9 milliards d'humains. C'est une révélation étonnante : rien qu'en investissant dans les systèmes sociaux et éducatifs, nous pourrions réduire de plus de deux milliards d'individus le pic de la population humaine, et cela avec environ cinquante ans d'avance. Même si ces hypothèses comportent quelques erreurs, un tel modèle combiné aux exemples fournis par le monde réel nous indique assurément la voie pour soutenir les perspectives de l'humanité tout entière en améliorant avec détermination la vie de ceux qui en ont le plus besoin.

Sortir les gens de la pauvreté et émanciper les femmes est le moyen le plus rapide pour mettre un terme à cette période de croissance démographique accélérée. Qu'est-ce qui nous en empêche ? Il ne s'agit pas seulement du nombre des habitants de la planète, il s'agit de s'engager pour un avenir plus juste et équitable pour tous. Au fond, nous sommes tous certainement désireux de donner à chacun des chances supplémentaires en cette vie. C'est une merveilleuse solution gagnant-gagnant, comme on est souvent amené à le répéter sur le chemin d'un monde durable. Ce que nous devons faire pour réensauvager le monde coïncide souvent avec ce que nous devrions faire de toute façon.

*

* *

Quand nous aurons enfin atteint notre pic démographique, nous aurons accompli un progrès important. Toutefois, ce n'est pas nécessairement la fin du voyage. Certains faits laissent penser que la transition démographique comporte une phase 5. La population japonaise est actuellement sur le déclin. On prévoit que le pays comptera cent millions d'habitants en 2060, soit à peu près autant que dans les années 1960. À mesure qu'elle baissera, la population japonaise vieillira aussi, de sorte que la proportion de personnes âgées augmentera. D'un point de vue économique, cette évolution pose un problème important. Une population active en baisse sera censée prendre en charge un nombre croissant de vieillards. En fait, ce processus a déjà commencé, et comme le Japon est l'un des premiers pays au monde à entamer cette cinquième phase, nombreux là-bas sont ceux qui réfléchissent à des solutions. L'actuelle exigence d'une croissance sans fin du PIB pousse des politiciens à prôner un rebond de la natalité pour avoir plus de futurs travailleurs, ou à réclamer que les retraités japonais se remettent à travailler pour alléger le fardeau fiscal des actifs plus jeunes. D'autres estiment que le Japon est la nation la mieux placée pour développer la robotique et l'intelligence artificielle afin de soutenir l'économie. Si nous nous dirigions vers une économie mondiale moins dépendante de la croissance, on pourrait espérer que l'incitation permanente à la performance économique se relâche et que le Japon, et tous les autres pays à sa suite, trouvent un équilibre harmonieux, avec une population moins nombreuse dans un monde plus mature et plus fiable.

Si nous nous efforçons d'améliorer au maximum les conditions de vie du plus grand nombre de gens possible, les modèles les plus optimistes suggèrent que la population humaine pourrait retrouver son niveau actuel à la fin de ce siècle. Ensuite, elle continuera peut-être à baisser doucement, puisque la société mondiale exigera moins de notre planète et cherchera à satisfaire ses besoins par des solutions technologiques, ce qui a d'ailleurs toujours été le cas.

Néanmoins, nous avons devant nous un parcours long et redoutable pour en arriver là sans subir une catastrophe. Le remplacement inévitable de la population et son augmentation pendant encore de nombreuses années impliquent une autre réalité inévitable : les décisions que nous prenons aujourd'hui sont plus cruciales que jamais. Nous devons unir nos efforts et travailler dur pour donner le plus vite possible à tous les humains des conditions de vie décentes et équitables.

PARVENIR À UNE VIE PLUS HARMONIEUSE

Une révolution durable, combinant un effort pour réensauvager le monde et des initiatives pour stabiliser notre population, permettrait à l'espèce humaine de vivre de nouveau en harmonie avec son environnement naturel. De quelle façon notre vie individuelle en serait-elle affectée ? Dans un avenir prospère et durable, nous aurions un régime alimentaire surtout végétarien, que compléteraient des alternatives plus saines à la viande. L'énergie propre satisferait tous nos besoins. Nos banques et nos fonds de pension n'investiraient que dans des entreprises durables. Ceux d'entre nous décidant d'avoir des enfants auraient sans doute des familles moins nombreuses. Nous pourrions choisir à bon escient des produits en bois et des denrées alimentaires, notamment la viande et le poisson, en disposant d'informations détaillées sur chacun de nos achats. Notre gaspillage serait réduit au minimum. Les petites quantités de carbone que nos activités émettraient encore seraient automatiquement comprises dans le prix d'achat, sous formes de contributions financières pour des projets de réensauvagement dans le monde entier.

En fait, dans cet avenir possible, il nous serait plus facile qu'aujourd'hui de vivre une vie en équilibre avec le monde naturel. Les dirigeants politiques et économiques auront été contraints de créer des produits et des sociétés qui nous aident tous à réduire notre impact environnemental. Prenons par exemple le traitement des déchets. Je me souviens d'une époque, avant notre société du tout jetable, où nous réparions et réutilisions, où le plastique était rare voire inexistant, où la nourriture était un bien précieux. L'actuelle habitude de se débarrasser des déchets – encore qu'évidemment on ne puisse vraiment se débarrasser de rien sur une planète limitée – est un phénomène relativement nouveau. Outre le fait que le gaspillage est toujours du gaspillage, il devient souvent nocif à force de s'accumuler. Le monde vivant fait face au même problème et il serait judicieux pour nous, une fois encore, de copier ses solutions. Dans la nature, le déchet dû à un processus sert à nourrir le suivant. Tous les matériaux sont réutilisés au cours d'un cycle impliquant de nombreuses espèces, et au bout du compte presque tout est biodégradable.

Ceux qui étudient les possibilités d'une économie circulaire*, comme les chercheurs de la Fondation Ellen MacArthur[46], cherchent des moyens pour apporter dans nos sociétés la même logique et la même efficacité. L'esprit de l'économie circulaire revient avant tout à imaginer de remplacer l'actuel système de production, qu'on peut résumer par « extraire, fabriquer, consommer, jeter », par un système où les matières premières sont considérées comme des nutriments à recycler, exactement comme dans la nature. On s'aperçoit alors que les humains sont engagés pour l'essentiel dans deux cycles différents. Tout objet naturellement biodégradable – aliments, bois, vêtements en fibres naturelles – fait partie d'un cycle biologique. Ceux qui ne le sont pas – plastiques, matériaux synthétiques, métaux – s'inscrivent dans un cycle technique. Les matières premières existant dans les deux cycles – les fibres de carbone ou le titane, par exemple – sont des éléments qu'il faut réutiliser. Tout l'art consiste à concevoir des moyens d'y parvenir.

Dans le cycle biologique, le gaspillage alimentaire est l'élément essentiel. Comme nous l'avons vu, la production des aliments entraîne actuellement la déforestation, l'usage d'engrais et de pesticides, le recours aux combustibles fossiles pour leur transport. De plus, ces aliments sont chers et beaucoup de gens dans le monde entier luttent encore pour avoir droit à un régime sain. Pourtant, à l'échelle mondiale, nous perdons et gaspillons un tiers de toute la nourriture que nous produisons[47]. Dans les pays pauvres, aux infrastructures moins développées, le gros du gaspillage se produit avant l'arrivée en magasin, du fait des récoltes perdues et du stockage défectueux. Dans les pays riches, il se produit surtout après la récolte. On en rejette une partie pour des imperfections supposées, une autre partie est éliminée comme surplus du fait de commandes trop importantes, et un grand nombre d'aliments sont tout bonnement jetés sans avoir été mangés. Dans un monde plus raisonnable, on améliorerait les infrastructures et le stockage. Des entreprises pourraient se servir des surplus pour nourrir le bétail ou les envoyer à des élevages d'insectes fournissant des mouches pour les poissons ou autres aliments pour animaux. Les déchets plus riches en fibres, comme les coquilles de noix, pourraient être transformés en combustible vert et servir, en combinaison avec des rebuts de bois, à créer de la chaleur et de l'électricité. On prendrait soin de capter le carbone émis par ce genre d'opération et de le stocker. On pourrait même cuire les déchets dans un environnement sans oxygène afin de fabriquer du biochar*, une sorte de charbon agricole qui peut servir de matériaux de construction, de carburant à faible teneur en carbone ou d'additif pour les sols, qu'il fertilise tout en piégeant le CO_2 sous la surface.

Dans le cycle technique, une grande part de l'efficacité circulaire vient de la conception coordonnée des produits. Les entreprises qui produisent des articles en plastique, en matériaux synthétiques et en métal pourraient les fabriquer pour durer, plutôt que pour fonctionner seulement quelques années, en concevant des éléments aisés à démonter, modifier et actualiser. La fabrication devrait être beaucoup plus standardisée, afin qu'on puisse se procurer les éléments chez de multiples fournisseurs et les échanger. Toutes les gammes de produits devraient prévoir un approvisionnement intelligent et une réutilisation de tous les éléments concernés. Certains pensent que cette approche cyclique instaurerait des rapports nouveaux entre les consommateurs et les entreprises. Par exemple, les consommateurs pourraient se contenter de louer au fabricant une machine à laver ou un téléviseur, comme ils le font aujourd'hui pour un téléphone, mais dans un système mettant beaucoup plus l'accent sur la réparation et le recyclage.

Dans les deux cycles, tout matériau ou produit chimique ne pouvant être recyclé ou présentant intrinsèquement un danger pour l'environnement finirait par être retiré du circuit économique. À commencer par les hydrofluorocarbures (HFC) synthétiques, qu'on trouve actuellement dans les réfrigérateurs et les climatiseurs du monde entier. S'ils s'échappaient des moteurs en fin de vie, ils ajouteraient à l'atmosphère l'équivalent de cent gigatonnes de CO_2 sous forme de gaz à effet de serre. En 2016, un accord international a déjà ouvert la voie à leur transformation sans danger en produits chimiques ne contribuant pas au réchauffement mondial[48].

L'idéal de la circularité serait de créer un monde sans pollution, d'où seraient bannis le plastique flottant dans la mer, les gaz toxiques s'échappant des cheminées d'usine, la combustion de pneus, les marées noires. Ce serait un monde qui pourrait même annuler les gaspillages de notre époque. Nos décharges pourraient devenir des mines à ciel ouvert pour des entreprises qu'on paierait généreusement afin de déterrer des nutriments destinés à l'économie circulaire. Les microplastiques tournant dans des gyres océaniques pourraient être récupérés et assemblés pour construire des fermes marines. Un nombre croissant de spécialistes pensent que l'humanité, en changeant son approche de l'exploitation des ressources, pourrait éradiquer le gaspillage et parvenir à reproduire la démarche cyclique de la nature.

Qu'en sera-t-il de nos lieux de vie ? D'ici 2050, 68 % de la population mondiale devrait vivre dans des villes. À une époque, les villes étaient considérées par les défenseurs de l'environnement comme le fléau de la planète, des cloaques énergivores voués à la pollution et au trafic automobile, et dont les habitants laissaient dans le monde entier une empreinte répugnante par leur besoin incessant de produits et de matériaux. Cependant, ils ont fini par se rendre compte que les milieux urbains, du fait de leurs densités importantes, présentaient un grand potentiel de durabilité. Les urbanistes apprennent à rendre leurs villes accueillantes pour les piétons et les cyclistes. Ils peuvent créer des transports publics à la fois efficaces et peu gourmands en carbone. Certaines villes, comme Copenhague, installent des systèmes de chauffage de quartier fonctionnant grâce à l'énergie fournie par des centrales géothermiques ou à partir des déchets de la ville elle-même. Les grands immeubles de prestige du centre doivent se conformer à un haut niveau d'isolation et de performance énergétique. Le résultat, c'est que les émissions de CO_2 d'un citadin sont à présent nettement plus modérées que celles d'un habitant des campagnes.

Tout incite aujourd'hui les grandes métropoles du monde à aller beaucoup plus loin. Dans un marché mondialisé, les autorités municipales savent qu'elles sont en compétition avec toutes les villes de la planète pour attirer les talents. Pour qu'une ville soit attractive, l'une des méthodes les plus efficaces consiste à la rendre aussi verte et agréable que possible. Outre que la végétation urbaine fournit des espaces de loisir, il est prouvé qu'elle rafraîchit les villes, purifie l'atmosphère et améliore le bien-être mental des habitants. Du coup, les villes accueillent la nature en multipliant les parcs, les avenues bordées d'arbres, les toits et les murs couverts de verdure. À l'heure actuelle, Paris adjoint cent hectares d'espaces verts à ses toits et ses murs d'immeubles. Dans plusieurs villes chinoises, on crée des zones humides au bord des fleuves qui les traversent, afin d'atténuer les inondations saisonnières et de permettre aux citadins de savourer davantage de nature. Londres s'est proclamé la première « ville parc national » du monde, avec le projet de convertir la moitié de sa superficie en espaces verts et de rendre la vie des Londoniens plus écologique, plus saine et plus sauvage.

La cité-État de Singapour est résolue à se transformer en une ville au milieu d'un jardin.

Tous les nouveaux bâtiments sont censés remplacer la végétation perdue sur le sol lors de leur construction par une quantité équivalente de vie végétale au-dessus du sol. Du coup, des dizaines d'immeubles dans la ville sont conçus spécifiquement pour être couverts de plantes, y compris un hôpital qui se targue de meilleurs taux de guérison parmi ses patients grâce à cet entourage verdoyant. Singapour relie tous ses espaces verts par des corridors écologiques et a converti cent hectares de terrains de grande valeur sur la côte en un réservoir d'eau et un jardin constituant un bosquet de « super-arbres » de cinquante mètres de haut, qui fournissent leur propre énergie avec des panneaux solaires, irriguent le jardin avec l'eau qu'ils collectent et filtrent l'air.

La biologiste Janine Benyus, co-fondatrice de l'Institut de biomimétisme, souhaitant inciter à cette nouvelle approche écologique de l'urbanisme, a lancé un défi à toutes les villes du monde. Elle estime qu'une ville, puisqu'elle occupe un ancien habitat naturel, devrait égaler au minimum les services environnementaux que rendait jadis cet habitat – l'énergie solaire qu'il générait, la fertilité qu'il conférait aux sols, le volume d'air qu'il purifiait, le carbone qu'il captait et la biodiversité qu'il abritait. Les architectes semblent tout disposés à relever le défi. Les bâtiments durables les plus réussis de notre époque génèrent de l'énergie renouvelable, purifient l'atmosphère autour d'eux, traitent leurs propres eaux usées, créent des sols avec la boue des égouts et accueillent en permanence quantité de plantes et d'animaux. Il se pourrait que les villes de l'avenir restituent au lieu de se contenter de prendre.

*
* *

Le donnant-donnant est la clé de tout équilibre. Quand l'ensemble de l'humanité sera en mesure de restituer à la nature au moins autant que ce qu'elle lui prend, en remboursant une partie de sa dette, nous pourrons tous mener une vie plus harmonieuse. Dès aujourd'hui, on trouve à travers le monde des exemples de ce nouveau mode de pensée. Si tous les pays pouvaient se fixer des objectifs quant au profit, aux personnes et à la planète, à l'instar de la Nouvelle-Zélande, offrir à leur population un niveau de vie aussi élevé que celui du Japon, adhérer à la révolution des énergies renouvelables comme le Maroc, gérer leurs mers comme les Palaos, pratiquer une agriculture aussi efficace et durable que certains fermiers aux Pays-Bas, manger aussi peu de viande que les habitants de l'Inde, encourager le retour des espaces sauvages comme l'a fait le Costa Rica et inclure la nature dans la ville comme c'est le cas à Singapour, l'humanité tout entière parviendrait à vivre en harmonie avec la nature. Mais il faut que tous s'y mettent, et les pays à l'empreinte la plus importante devront procéder aux changements les plus radicaux. Cela ne marchera pas si certains pays font leur transition, et d'autres non.

Actuellement, on constate des réticences. Il n'est que trop aisé, quand on envisage la durabilité, de se concentrer sur les pertes sans prendre en compte les gains. La réalité est pourtant qu'un monde durable est immensément profitable. En perdant notre dépendance au charbon et au pétrole grâce aux énergies renouvelables, nous gagnons la propreté de l'air et de l'eau, une électricité bon marché

« Super-arbres » fonctionnant à l'énergie solaire,
Singapour

pour tous, des villes plus sûres et plus silencieuses. En perdant le droit le pêcher dans certaines zones, nous gagnons un océan en pleine santé, qui nous aidera à combattre le changement climatique et nous offrira au bout du compte davantage de produits de la mer. En perdant des terres agricoles au profit de la nature sauvage, nous gagnons la possibilité de rétablir notre lien vivant avec le monde naturel aussi bien dans des contrées et des mers lointaines que dans notre propre environnement. En perdant notre prétention à dominer la nature, nous gagnons une stabilité durable en son sein pour toutes les générations à venir.

Tout est prêt pour que nous réussissions cet avenir. Nous avons un projet, nous savons quoi faire. Le chemin d'un monde durable nous est ouvert. C'est un chemin qui pourrait mener à des perspectives meilleures pour toute la vie terrestre. Nous devons informer nos dirigeants politiques et économiques que nous le savons, que cette vision n'est pas seulement une nécessité pour nous, mais l'expression de notre volonté.

CONCLUSION

Notre plus grande chance

Je suis né dans un autre temps. Ces mots ne sont pas une métaphore, mais la vérité littérale. Je suis arrivé en ce monde pendant une période que les géologues appellent l'Holocène, et je vais le quitter – comme nous tous aujourd'hui – pendant l'Anthropocène*, l'ère des êtres humains.

Le terme d'Anthropocène a été proposé en 2016 par un groupe d'éminents géologues. La division de l'histoire terrestre en périodes portant un nom spécifique est une pratique de longue date des géologues. Chacune se reconnaît à des caractéristiques qui distinguent de toutes les autres les roches de cette époque particulière – l'absence d'espèces fossiles auparavant prospères et l'apparition de nouveaux fossiles.

Ce sera certainement le cas dans les roches qui se forment aujourd'hui. Non seulement elles contiendront moins d'espèces que celles qui les ont précédées, mais elles présenteront des marqueurs absolument inédits : fragments de plastique, plutonium dû aux activités nucléaires, os de poulets domestiques présents dans le monde entier. Les géologues ont suggéré que cette nouvelle époque pourrait commencer dans les années 1950 et être appelée Anthropocène, car c'est avant tout l'espèce humaine qui détermine sa spécificité.

Toutefois, ce qui n'était pour les géologues qu'un nom procédant d'une routine scientifique est devenu pour beaucoup de gens une expression frappante du changement inquiétant auquel nous sommes confrontés. L'humanité constitue aujourd'hui une force mondiale, dont la puissance est telle qu'elle affecte la planète entière. En fait, il se pourrait que l'Anthropocène soit la période la plus brève de l'histoire géologique, et qu'elle se termine avec la disparition définitive de la civilisation humaine.

Ce n'est pas une fatalité. L'avènement de l'Anthropocène pourrait encore marquer le début de relations nouvelles et durables à la fois entre nous et avec la planète. Ce pourrait être une époque où nous apprendrions à vivre avec la nature et non contre elle, où il n'y aurait plus grande différence entre ce qui est naturel et ce qui est aménagé, car nous serions devenus les gardiens attentifs de la terre entière, faisant appel à l'extraordinaire résilience de la nature pour sauver du désastre la biodiversité.

Quant à savoir quelle version de l'Anthropocène va se dérouler maintenant, c'est nous en définitive qui avons la réponse. Les humains sont peut-être ingénieux, mais ils sont aussi querelleurs. Nos livres d'histoire ont été dominés par des récits de guerres, de luttes pour l'hégémonie entre les nations. Nous ne pouvons pas continuer sur cette voie. Les dangers que la Terre doit affronter aujourd'hui sont mondiaux, et ils ne peuvent être conjurés que si les pays oublient leurs différends et s'unissent pour agir à l'échelle du monde.

En fait, il existe des précédents à un tel mode de gestion. En 1986, les pays pratiquant la chasse à la baleine se sont réunis et ont décidé qu'il fallait mettre fin au massacre si l'on voulait que ces animaux extraordinaires et merveilleux ne soient pas exterminés.

Certains délégués ont peut-être accepté d'arrêter la chasse parce qu'elle n'était plus rentable, tant les populations de baleines s'étaient réduites, mais d'autres ont certainement écouté les plaidoyers des scientifiques et des défenseurs de l'environnement. Cette décision n'a certes pas été prise à l'unanimité, et il y a encore des dissensions continuelles. Malgré tout, en 1994, cinquante millions de kilomètres carrés dans l'océan Austral furent proclamés « sanctuaire baleinier international ». Aujourd'hui, grâce à cette limitation de la chasse, le nombre de baleines a atteint des niveaux jamais connus de mémoire d'homme, et cet élément essentiel du mécanisme complexe des océans a retrouvé à peu près sa place.

En Afrique centrale, où seuls trois cents gorilles des montagnes survivaient dans les années 1970, plusieurs pays africains ont fini par conclure des accords transfrontaliers. À présent, ces magnifiques créatures sont plus d'un millier, grâce au dur labeur et au courage de plusieurs générations de gardes forestiers.

Nous sommes donc capables de nous unir au niveau mondial, si nous le voulons. Aujourd'hui, cependant, nous devons conclure des accords concernant non pas un unique groupe d'animaux mais l'ensemble du monde sauvage. D'innombrables comités et conférences devront y travailler, et il faudra signer une foule de traités internationaux. Ce processus est déjà engagé, sous l'égide des

Nations unies. Des congrès gigantesques, dont les participants se comptent par dizaines de milliers, sont au travail. Une série de réunions est consacrée aux problèmes que pose le réchauffement accéléré de notre planète, dont les conséquences pourraient être si considérables et dévastatrices. Une autre série doit se charger de protéger la biodiversité, laquelle est la clé du réseau complexe d'interconnexions de la vie.

La tâche est plus qu'impressionnante, et nous devons l'encourager par tous les moyens. Nous devons presser nos politiciens, au niveau local, régional et international, de parvenir à des accords, y compris parfois en subordonnant nos intérêts nationaux au bien supérieur du monde entier. L'avenir de l'humanité dépend du succès de ces réunions.

Nous parlons souvent de sauver la planète, mais la vérité, c'est que nous devons agir ainsi pour nous sauver nous-mêmes. Avec ou sans nous, la vie sauvage reprendra ses droits. Il n'en existe pas de témoignage plus éclatant que dans les ruines de Prypiat, la ville modèle que ses habitants durent abandonner après l'explosion du réacteur nucléaire de Tchernobyl. En émergeant des couloirs sombres et vides de ses immeubles désertés, on découvre un spectacle stupéfiant. Au cours des trente-quatre années ayant suivi l'évacuation, une forêt a envahi la ville abandonnée. Des arbustes ont disloqué le béton et du lierre a descellé les briques. Les toits s'affaissent sous le poids croissant de la végétation. De jeunes trembles et de jeunes peupliers ont poussé entre les pavés. Jardins, parcs et avenues sont maintenant ombragés par les feuillages de chênes, de pins et d'érables les surplombant de sept mètres. À leurs pieds s'étend un étrange sous-bois d'arbres fruitiers et de rosiers négligés. Le terrain de football, qui servait voilà trente-quatre ans d'aire d'atterrissage pour les hélicoptères de l'armée chargés d'évacuer les habitants de la ville, est désormais couvert d'un épais fourré. La nature sauvage a reconquis son territoire.

La zone comprenant la ville et le réacteur détruit constitue maintenant une réserve pour des animaux devenus rares ailleurs. Des biologistes ont installé des pièges photographiques aux fenêtres des immeubles et obtenu ainsi des images d'une faune prospère de renards, d'élans, de cerfs, de sangliers, de bisons, d'ours bruns et de chiens viverrins. Il y a quelques années, on a lâché en ces lieux quelques spécimens de cheval de Przewalski, une espèce presque éteinte, et leur nombre est en augmentation. Même des loups ont colonisé cette zone, où ils sont à l'abri des fusils des chasseurs. Il semble que la nature, si graves que soient nos erreurs, sera capable de reprendre le dessus dès qu'elle en aura l'occasion. Le monde vivant a déjà survécu à plusieurs extinctions massives. Cependant nous, les humains, nous ne pouvons partir du principe que nous en ferons autant. Si nous sommes arrivés là où nous sommes, c'est parce que nous sommes les créatures les plus intelligentes ayant jamais vécu sur terre. Mais si nous voulons continuer d'exister, il nous faudra davantage que de l'intelligence. Nous aurons besoin de sagesse.

Nous pouvons encore nous corriger, mieux gérer notre impact, changer l'orientation de notre développement, redevenir une espèce en harmonie avec la nature. Tout ce qu'il nous faut, c'est la volonté. Les prochaines décennies constituent notre ultime chance pour nous construire une demeure stable et restaurer le monde riche, sain et merveilleux que nous ont légué nos lointains ancêtres. Ce qui est en jeu, c'est l'avenir de cette planète, l'unique endroit, pour autant que nous le sachions, où la vie existe.

REMERCIEMENTS

Le projet d'*Une vie sur notre planète*, qui comprend à la fois ce livre et un film, a été élaboré pendant plusieurs années et a demandé l'assistance et les contributions de nombreux collègues. L'idée initiale a surgi au cours de conversations avec Colin Butfield au World Wide Fund for Nature (WWF) et avec Alastair Fothergill et Keith Scholey, mes vieux amis de Silverback Films. Je suis leur débiteur à tous trois. Ils ont joué un rôle clé dans la définition de la structure du livre et se sont chargés de la production du film, qui a exercé une grande influence sur son contenu.

Toutefois, je suis avant tout redevable pour l'écriture de ce livre à mon co-auteur, Jonnie Hughes. Voilà bien des années qu'il s'intéresse aux questions environnementales, et il a été l'un des réalisateurs du film. Son éloquence, sa compétence et la clarté de sa pensée m'ont été inestimables, notamment dans la troisième partie de ce livre, qui s'inspire des idées, des opinions et des recherches de spécialistes de quantité de domaines et d'organisations.

Nous n'aurions pu espérer compiler un tel panorama sans l'aide substantielle de l'équipe scientifique du WWF. Nous aimerions remercier en particulier Mike Barrett, directeur exécutif chargé de la conservation et de la science au WWF-UK, pour nous avoir fait profiter de sa vision lucide de la crise environnementale et pour avoir dirigé l'équipe travaillant avec lui sur leur publication essentielle, le *Rapport Planète Vivante*, qui a été une précieuse inspiration pour nous tous pendant que nous travaillions à ce projet. Nous remercions également Mark Wright, directeur scientifique au WWF, qui a passé tant d'heures à s'assurer que les arguments présentés dans cet ouvrage soient ancrés dans des exemples tirés du monde réel et dans des études scientifiques de qualité.

Cette collaboration avec le WWF nous a mis en contact avec beaucoup de communicants et de chercheurs inspirants, trop nombreux pour les énumérer ici. Cela dit, nous voudrions remercier particulièrement Johan Rockström et l'équipe qui a travaillé avec lui pour élaborer le modèle des limites planétaires, ainsi que Kate Raworth, l'auteur de *La Théorie du Donut*. Leurs travaux ont apporté des idées d'une grande profondeur en ce moment critique de notre histoire. Les écrits et les recherches de Paul Hawken et de Callum Roberts ont été déterminants pour la compréhension des problèmes et des solutions liés respectivement au changement climatique et à l'océan.

Nous sommes tous deux reconnaissants pour les conseils d'Albert DePetrillo et Nell Warner chez Penguin Random House. Notre gratitude va également à Robert Kirby et Michael Ridley, pour leur aide dans la réalisation de ce livre.

Tous mes remerciements aussi à ma fille chérie, Susan, qui gère mes agendas et ma personne, et qui a écouté avec une patience extraordinaire chaque mot de ce livre à plusieurs reprises.

En m'engageant dans ce projet, j'ai éprouvé de multiples sentiments. La vérité de la crise que traverse actuellement notre planète est plus qu'alarmante. Apprendre tous les détails les plus récents de notre désastre m'a profondément ébranlé. En contrepartie, il est réconfortant de découvrir combien de brillants esprits travaillent aujourd'hui à comprendre et aussi à résoudre les problèmes auxquels nous faisons face. Mon grand espoir, c'est que ces esprits puissent s'unir afin d'être en mesure d'influencer notre avenir. Comme la création d'*Une vie sur notre planète* n'a cessé de me le rappeler, on obtient tellement plus en œuvrant avec les autres qu'en travaillant en solitaire.

David ATTENBOROUGH
Richmond, Royaume-Uni
8 juillet 2020

NOTES

Première partie. Mon témoignage

1. La source la plus fiable sur la population mondiale est compilée par la Division de la population des Nations unies, et on peut accéder à de nombreuses informations via https://population.un.org/wwp/, voir en particulier le « World Population Prospects 2019 – Highlights » sur https://population.un.org/wpp/Publications/Files/WPP2019_Highlights.pdf.

2. Nous employons ici le terme « carbone » comme un abrégé pour « dioxyde de carbone ». La proportion croissante de dioxyde de carbone dans l'atmosphère est une caractéristique de notre développement récent et un facteur majeur du réchauffement climatique. Son accumulation dans l'atmosphère est directement liée à l'utilisation des combustibles fossiles – charbon, pétrole et gaz. Dans ce livre, nous recourons aux données sur le dioxyde de carbone fournies par l'observatoire du Mauna Loa : https://www.esrl.noaa.gov/gmd/ccgg/trends/.

3. Les estimations sur le monde sauvage subsistant se basent sur des données et des extrapolations fournies par : Ellis E. *et al.* (2010), « Anthropogenic transformation of the biomes, 1700 to 2000 (supplementary info Appendix 5) », *Global Ecology and Biogeography* 19, 589-606.

4. Le nombre exact des phénomènes d'extinction massive dépend des critères adoptés pour qualifier une extinction de « massive ». En général, les géologues parlent de cinq extinctions massives avant notre époque, soit par ordre chronologique : une première extinction à la limite de l'Ordovicien et du Silurien, il y environ 445 Ma (millions

d'années), l'extinction du Dévonien (il y a 375 Ma), l'extinction du Permien-Trias (il y a 252 Ma), qui fut la plus importante de toutes avec la disparition de 96 % des espèces marines et 70 % des espèces terrestres, l'extinction du Trias-Jurassique (il y a 201 Ma) et l'extinction du Crétacé-Paléogène (il y a 66 Ma), qui mit fin au règne des dinosaures.

5. Il existe plusieurs théories sur la cause de l'extinction des dinosaures. L'hypothèse qui l'attribue en grande partie à la chute d'une météorite dans la péninsule du Yucatán fut d'abord considérée comme radicale, mais elle a fini par s'imposer car elle est corroborée par une série de preuves, dont la plus récente est la découverte du cratère d'impact de Chicxulub en 2016. Pour un bon compte rendu récent de cette découverte, cf. Hand, E. (2016), « Drilling of dinosaur-killing impact crater explains buried circular hills », *Sciences*, 17 novembre 2016, https://www.sciencemag.org/news/2016/11/updated-drilling-dinosaur-killing-impact-crater-explains-buried-circular-hills.

6. L'analyse génétique confirme l'existence d'un goulot d'étranglement démographique voilà environ 70 000 ans, pendant lequel la population humaine diminua drastiquement. On débat activement sur la cause de ce goulot d'étranglement – les hypothèses vont de l'explosion volcanique aux motifs socioculturels – mais la plupart des spécialistes croient que la vulnérabilité de notre espèce face à de tels phénomènes était due en fait à l'imprévisibilité du climat pendant une longue période. Pour le lecteur que ce sujet intéresse, voici quelques-uns des nombreux articles étudiant le goulot d'étranglement : Tierney J.E. *et al.* (2017), « A climatic context for the out-of-Africa migration », https://pubs.geoscienceworld.org/gsa/geology/article/45/11/1023/516677/A-climatic-context-for-the-out-of-Africa-migration » ; Huff, C.D. *et al.* (2010), « Mobile elements reveal small population size in the ancient ancestors of *Homo sapiens* », https://www.pnas.org/content/107/5/2147 ; Zeng, T.C. *et al.* (2018), « Cultural hitchhiking and competition between patrilineal kin groups explain the post-Neolithic Y-chromozone bottleneck », *Nature*, https://www.nature.com/articles/s41467-018-04375-6.

7. Nous pouvons estimer la température moyenne d'environnements passés en examinant des carottes de glace, les anneaux de croissance des arbres et les sédiments océaniques. Ces mesures nous indiquent que, pendant plusieurs centaines de milliers d'années avant l'Holocène, la température moyenne de la terre était beaucoup plus changeante et plus froide en général qu'à notre époque. La NASA a publié un article intéressant fournissant davantage d'informations : https://earthobservatory.nasa.gov/features/Global Warming/page3.php.

8. Les communications enregistrées de toutes les missions Apollo sont disponibles sur le site web de la NASA et constituent une lecture fascinante : https://www.nasa.gov/mission_pages/apollo/ missions/index.html.

9. On est en train de découvrir le rôle considérable des baleines pour la distribution de nutriments. Les baleines les transportent latéralement, en se déplaçant entre leurs zones d'alimentation et leurs zones de reproduction, et verticalement, en apportant dans les eaux de surface via leurs excréments et leur urine les nutriments des eaux profondes où ils abondent. On estime que la capacité des baleines à transporter des nutriments loin des endroits où ils se concentrent est réduite aujourd'hui à environ 5 % de ce qu'elle était avant l'avènement de la pêche industrielle. Voir Doughty, C.E. (2016), « Global nutrient transport in a world of giants », https://www.ncbi.nlm.nih.gov/pmc/articles/PMC4743783/. Pour une étude localisée dans le golfe du Maine, voir Roman, J. et McCarthy, J.J. (2020), « The Whale Pump : Marine Mammals Enhance Primary Productivity in a Coastal Basin », PLoS ONE 5(10) : e13255, https://journals.plos.org/plosone/article?id=10.1371/journal.pone.0013255.

10. La première estimation mondiale de la chasse à la baleine est récente. Elle a révélé que cette chasse pourrait avoir provoqué, en poids, la plus importante perte d'une espèce animale de l'histoire humaine. Voir Cressey, D. (2015), « World's whaling slaughter tallied », *Nature*, https://www.nature.com/news/world-s-whaling-slaughter-tallied-1.17080.

11. Le site web www.globalforestwatch.org est une utile ressource en ligne visant à cartographier tous les

changements affectant la forêt au niveau mondial. Cette tâche n'a rien d'évident. Des plantations peuvent apparaître comme des forêts naturelles, vues de l'espace, alors qu'elles constituent des habitats nettement plus pauvres en biodiversité. Le projet Global Forest Biodiversity Initiative (gfbinitiative.com) tente de dresser plus précisément la carte de la biodiversité des forêts. L'un de ses membres principaux, Thomas Crowther, a donné récemment une évaluation du nombre total d'arbres dans le monde et de sa diminution du fait de nos activités. Voir « Mapping tree density at a global scale », *Nature* 525, 201-205 (2015), https://www.nature.com/articles/nature14967.

12. En 2016, l'UICN (Union internationale pour la conservation de la nature) estimait à 104 700 individus la population des orangs-outans de Bornéo, alors qu'elle était estimée à 288 500 individus en 1975. L'organisation estime qu'elle devrait se réduire à 47 000 individus en 2025 ; https://www.iucnre dlist.org/species/17975/123809220#population.

13. On estime généralement que les cellules eucaryotes se sont développées il y a entre 2 et 2,7 milliards d'années, soit environ 1,5 milliards d'années après l'apparition de la vie ; https://www.scientificamerican.com/article/when-did-eukaryotic-cells/. La vie multicellulaire a commencé son évolution voilà un peu plus d'un milliard d'années, c'est-à-dire environ 1,5 milliards d'années plus tard ; https://astrobiology.nasa.gov/news/how-didmulticellular-life-evolve/.

14. Des chercheurs ont étudié les données sur la pêche mondiale en 2003, ce qui a révélé à quel rythme effarant le nombre de gros poissons diminuait dans les mers du fait de nos pratiques de pêche. Voir le film de Rupert Murray, *The End of the Line – L'océan en voie d'épuisement*, pour une interview consacrée à cette étude, ou l'article suivant : Myers, R. et Worm B. (2003), « Rapid Worldwide Depletion of Predatory Fish Communities », *Nature* 423, 280-3, https://www.nature.com/articles/nature01610.

15. Pour une estimation actualisée de l'impact des subventions à la pêche dans le monde, voir Sumaila *et al.* (2019), « Updated estimates and analysis of global fisheries subsidies », https://www.sciencedirect.com/science/article/pii/S030859X19303677 ; WWF (2019), « Five ways harmful

fisheries subsidies impact coastal communities », https://www.worldwildlife.org/stories/5-ways-harmful-fisheries-subsidies-impact-coastal-communities.

16. Pour d'autres témoignages historiques et pour une description détaillée de la façon dont le syndrome de la référence changeante a impacté notre vision du potentiel de l'océan, voir Callum Roberts (2013), *Océans : la grande alarme*, Flammarion.

17. On trouvera une analyse approfondie de l'extinction de la fin du Permien dans : White, R.V. (2002), « Earth's biggest "whodunit" : unravelling the clues in the case of the end-Permian mass extinction », *Philosophical Transactions of the Royal Society of London* 360 (1801) : 3963-2985. Disponible sur : https://royalsociety publishing.org/doi/10.1098/rsta.2002.1097.

18. La situation dans l'Arctique et l'Antarctique change d'année en année à un rythme rapide. Pour trouver des données de première main actualisées, voici deux sites très intéressants et fiables : National Snow and Ice Data Center, https://nsidc.org/data/seaice_index/ et National Oceanic and Atmospheric Administration, https://www.noaa.gov/. Pour plus de détails, le World Glacier Monitoring Service (WGMS) collecte également les données annuelles de tous les glaciers dont on surveille l'évolution dans le monde (https://wgms.ch/).

19. Le rapport le plus complet sur la situation de la biodiversité dans le monde est le IPBES Global Assessment (2019). On en trouve le compte rendu sur https://ipbes.net/document-library-catalogue/summary-policymakers-global-assessment-laidout. En outre, le *Rapport Planète Vivante* publié tous les deux ans par le WWF offre un inventaire fiable et accessible de la situation. On peut trouver la dernière édition sur www.panda.org.

20. La FAO (Organisation des Nations unies pour l'alimentation et l'agriculture) publie tous les deux ans le rapport le plus complet sur le secteur du poisson marin et d'eau douce, sous le titre : *La Situation mondiale des pêches et de l'aquaculture* (*The State of World Fisheries and Aquaculture*). On trouvera l'édition 2020 sur www.fao.org/state-of-fisheries-aquaculture.

21. Riskier Business (2020) donne le compte détaillé de la surface agricole nécessaire hors du Royaume-Uni pour satisfaire la demande anglaise pour seulement sept produits (dont le soja et le bœuf). On peut télécharger le rapport complet et un résumé sur https://www.wwf.org.uk/riskybusiness.

22. Une étude accessible sur le déclin global des populations d'insectes : Goulson, D. (2019), « Insect declines and why they matter », sur https://www.somersetwildlife.org/sites/default/files/2019-11/FULL%20AFI%20REPORT%20WEB1_1.pdf. Et pour ceux qui s'intéressent au rétablissement des populations d'insectes, on peut trouver de bons exemples (aux Royaume-Uni) dans Wildlife Trusts (2020), « Reversing the decline of insects », https://www.wildlifetrusts.org/sites/default/files/2020-07/Reversing%20the%20Decline%20of%20Insects%20Report% 20-EMBARGO%20 08.07.20%20%282%29.pdf. Voir aussi la note 9 de la deuxième partie.

23. Ces chiffres pour la représentation des différents groupes viennent d'une étude novatrice sur la vie terrestre, Bar-On, Y.M., Phillips, R. et Milo, R. (2018), « The biomass distribution on Earth », *Proceedings of the National Academy of Sciences* 115(25) 6506-6511, https://www.pnas.org/content/115/25/6506.

DEUXIÈME PARTIE. Ce qui nous attend

1. Il existe deux institutions principales présentant des rapports sur l'état de la planète. Le Intergovernmental Panel on Climate Change (IPCC) – en français : Groupe d'experts intergouvernemental sur l'évolution du climat (GIEC) – est la meilleure source d'information sur le consensus quant au changement climatique actuel et annoncé (www.ipcc.ch). La Intergovernmental Platform on Biodiversity and Ecosystem Services (IPBES) – en français : Plateforme intergouvernementale scientifique et politique sur la biodiversité et les services écosystémiques – est la meilleure source d'information sur la situation de la biodiversité (www.ipbes.net). Pour ceux qu'intéresse la notion de « point de basculement », il trouveront une analyse utile dans :

McSweeney, R. (2010), « Explainer : Nine "tipping points" that could be triggered by climate change », disponible sur https://www.carbonbrief.org/explainer-nine-tipping-points-that-could-be-triggered-by-climate-change.

2. Pour un compte rendu détaillé de ce travail et de ses implications, on peut recommander le livre très agréable à lire de Rockström, J. et Klum, M. (2015), *Big World, Small Planet*, Yale University Press.

3. D'après la dernière étude de l'IPBES (2019), on peut penser que le rythme actuel des extinctions est de dix à cent fois supérieur à la moyenne des dix derniers millions d'années, et que le taux moyen de la disparition d'espèces de vertébrés est plus de 114 fois supérieur au taux de base. Voir https://ipbes.net/global-assessment.

4. Parmi ceux qui prédisent un dépérissement forestier à brève échéance de l'Amazonie, citons Carlos Nobre, le spécialiste brésilien du système Terre. On peut trouver un entretien instructif avec Nobre sur https://e360.yale.edu/features/willdeforestation-and-warming-push-the-amazon-to-a-tipping-point. Voici un article sur le même sujet : Nobre, C.A. *et al.* (2016), « Land-use and climate change risks in the Amazon and the need of a novel sustainable development paradigm », https://www.pnas.org/content/113/39/10759.

5. Les meilleures sources pour les derniers chiffres de la fonte des glaces émanent de l'IPCC : *Special Report on the Ocean and Cryosphere in a Changing Climate* (2019), https://www.ipcc.ch/srocc/. Citons aussi : *Arctic Monitoring and Assessment Programme Climate Change Update 2019 : An Update to Key Findings of Snow, Water, Ice and Permafrost in the Arctic (SWIPA) 2017*, https://www.amap.no/documents/doc/amap-climate-change-update-2019/1761.

6. Pour des informations sur le pergélisol, le Global Terrestrial Network for Permafrost (https://gtnp.arcticportal.org/) inclut toutes les données récentes.

7. Une source essentielle de données sur les épisodes de blanchissement et le déclin des récifs coralliens est constituée par l'organisation gouvernementale américaine NOAA Coral Reef Watch, https://coralreefwatch.noaa.gov, laquelle utilise des données satellites et des systèmes d'informations géographiques pour surveiller l'état des océans à travers

le monde. Pour plus de détails, je recommande aussi les rapports du Global Coral Reef Monitoring Network : https://gcrmn.net/products/reports/.

8. La FAO publie régulièrement des rapports sur la situation de l'agriculture et de la production alimentaire dans le monde. L'un des plus importants a été le *Status of the World's Soil Resources* de 2015, qui exposait les principales inquiétudes qu'on pouvait avoir sur la durabilité de l'agriculture industrielle moderne : http://www.fao.org/3/a-i5199e.pdf.

9. Il y a consensus sur le déclin des populations d'insectes dans le monde. Il est plus malaisé de prédire l'étendue de la perte de biodiversité qui s'ensuivra à l'avenir, mais Francisco Sanchez-Bayo et Kris Wyckhuys ont donné à ce sujet en 2019 une analyse qui fait autorité ; voir : « Worldwide decline of the entomofauna : A review of its drivers », https://www.science direct.com/science/article/pii/S0006320718313636. Voir aussi la note 22 de la première partie.

10. Pendant la pandémie de la Covid-19, l'IPBES (2020) a mis en évidence le lien entre les virus émergents et la dégradation de l'environnement due à l'homme dans un article hébergé – voir : https://ipbes.net/covid19stimulus.

11. Le GIEC est la principale organisation internationale évaluant la recherche scientifique sur le changement climatique. Son rapport de 2019, *The Ocean and Cryosphere in a Changing Climate*, inclut les dernières projections sur la hausse du niveau de la mer : https://www.ipcc.ch/srocc/chapter/summary-for-policymakers/.

12. Le C40 est une structure regroupant les plus grandes villes du monde engagées dans la lutte contre le changement climatique. Elle constitue une bonne source d'informations sur la façon dont les zones urbaines seront sans doute affectées par le réchauffement mondial et sur les méthodes employées par les municipalités les plus responsables pour y faire face. Voir https://www.c40.org.

13. Il existe de nombreux modèles prédisant les futurs impacts du changement climatique. Le modèle prévoyant que notre planète pourrait s'être réchauffée de 4 °C en 2100 fait partie du scénario RCP8 de la cinquième évaluation du GIEC, https://www.ipcc.ch/assessment-report/

ar5/. Le modèle prévoyant qu'un quart de l'humanité pourrait vivre sous une température moyenne supérieure à 29 °C recourt à une modélisation différente qui, même si elle se fonde sur les hypothèses les plus extrêmes, est encore considérée comme une issue possible. Voir Xu, C. *et al.* (2020), « Future of the human climate niche », *Proceedings of the National Academy of Sciences*, mai 2020 ; 117 (21), 11350-11355, https://www.pnas.org/content/early/2020/04/28/1910114117.

Troisième partie. Une vision pour l'avenir

1. Ces données proviennent de *The Dasgupta Review : Independent Review on the Economics of Biodiversity*, devant sortir fin 2020. Cette revue présentera une argumentation convaincante en faveur d'une meilleure appréciation des services environnementaux rendus par la nature dans le cadre d'une économie moderne. Voir https://www.gov.uk/government/publications/interim-report-the-dasgupta-review-independent-review-on-the-economics-of-biodiversity.

2. Publié en 2017, le livre de Kate Raworth : *Doughnut Economics* (*La Théorie du Donut*, Plon, 2018 ; J'ai lu, 2021), est un constat remarquable sur l'incompatibilité de notre système économique actuel avec les réalités du monde naturel. Il contient une description détaillée du modèle du Donut ainsi que des conseils précieux pour une possible organisation durable de notre économie.

3. Les forêts tropicales sont souvent d'antiques écosystèmes. Pour une vue d'ensemble de leur histoire et de leur fonctionnement, on peut consulter : Ghazoul, J. et Sheil, D. (2010), *Tropical Rain Forest Ecology, Diversity and Conservation*, Oxford University Press.

4. *The Dasgupta Review : Independent Review on the Economics of Biodiversity – an interim report* propose comme alternative au PIB en tant que mesure de la réussite le recours à un PIN (Produit Intérieur Net), qui inclue le véritable coût des dégâts environnementaux ; voir https://www.gov.uk/government/publications/interim-report-the-dasgupta-review-independent-review-on-the-eco

nomics-of-biodiversity. Pour plus d'informations sur l'Indice de la Planète Heureuse, voir https://happyplanetindex.org/.

5. Ces données proviennent de l'Agence internationale de l'énergie, qui constitue une excellente source d'information sur l'énergie mondiale (www.iea.org).

6. Le budget carbone est un domaine extrêmement technique. Pour un panorama de la question, voir : https://www.ipcc.ch/sr15/chapter/chapter-2/. Pour une estimation des émissions dans l'avenir : https://ourworldindata.org/co2-and-other-greenhouse-gas-emissions#future-emissions.

7. Le projet Drawdown est une organisation internationale à but non lucratif qui fournit une analyse complète et agréable à lire des mesures à prendre pour atténuer le changement climatique, en évaluant chacune selon son importance relative ; voir www.drawdown.org.

8. Pour des prévisions extrêmes des changements qui pourraient affecter l'industrie des transports, voir https://www.rethinkx.com/transportation.

9. Le Stockholm Resilience Centre est une référence pour la science du système Terre et la réflexion sur la durabilité. Il a été à l'origine du modèle des limites planétaires et travaille à conseiller les gouvernements sur la politique environnementale. Pour en apprendre davantage : https://www.stockholmresilience.org/.

10. On trouvera certaines des meilleures stratégies pour accomplir la transition énergétique dans plusieurs rapports du WWF disponibles sur https://www.wwf.org.uk/updates/uk-investments-strategy-building-back-resilient-and-sustainable-economy.

11. Parmi les études faisant un lien entre la richesse de la biodiversité et la capacité de captage et de stockage du carbone dans les écosystèmes, citons celle d'Atwood *et al.* (2015), qui démontre que la disparition des grands prédateurs dans les marais salés de Nouvelle-Angleterre et dans les mangroves et les herbiers marins d'Australie a provoqué une chute du captage et stockage du carbone du fait de l'accroissement des populations d'herbivores, voir https://www.nature.com/articles/nclimate2763. Liu *et al.* (2018) ont découvert que la richesse en espèces d'arbres des forêts subtropicales de la Chine augmentait la capacité de ces forêts à capter et stocker le carbone, voir https://

royalsocietypublishing.org/doi/full/10.1098/rspb.2018.1240. Enfin, Osuri *et al.* (2020) ont découvert que les forêts naturelles avaient une capacité de captage et stockage du carbone supérieure à celle des plantations en Inde, voir https://iop science.iop.org/article/10.1088/1748-9326/ab5f75.

12. On trouvera des informations utiles sur le statut des AMP dans : Protected Planet, https://protectedplanet.net/marine. Il est important de noter qu'à l'heure actuelle toutes les AMP ne sont pas gérées comme il convient. Certaines estimations laissent penser que seules la moitié d'entre elles environ remplissent les conditions d'authentiques AMP.

13. La Smithsonian Institution dispose d'un rapport détaillé sur le succès de l'AMP de Cabo Pulmo, qui démontre combien il est essentiel d'impliquer la communauté locale dans les AMP et dans les projets de conservation en général ; cf. https://ocean.si.edu/conservation/solutions-success-stories/cabo-pulmo-protected-area.

14. Pour en apprendre davantage sur l'efficacité des écosystèmes côtiers à capter et stocker le carbone, et les actuels efforts pour rétablir les mangroves, marais salés et herbiers marins dans ce but, voir : https://www.thebluecarboninitiative.org/. Pour plus de détails sur la conception des AMP, voici un texte intéressant qui nous vient d'Australie : https://ecology.uq.edu.au/filething/get/39100/Scientific_Principles_MPAs_c6.pdf.

15. L'environnement marin pose des problèmes particuliers pour évaluer les populations des stocks de poissons et surveiller les activités des bateaux de pêche en mer, deux conditions indispensables à une gestion durable. On tente de régler ces problèmes par des programmes de certification, mais ils ne sont pas encore totalement résolus.

16. La Convention des Nations unies sur le droit de la mer est le traité international présidant à l'utilisation des océans du monde. Elle fait actuellement l'objet d'un travail d'amendement, pour la première fois depuis des décennies, et beaucoup de gens ont à cœur que la durabilité soit au centre de son contenu renouvelé. Si nous réussissons ces changements, les relations de l'humanité avec l'océan pourraient en sortir transformées. Pour plus d'informations, voir https://www.un.org/bbnj/.

17. La FAO publie régulièrement des chiffres sur les prises de la pêche et la production aquacole dans son bulletin sur la *Situation mondiale des pêches et de l'aquaculture* (*State of World Fisheries and Aquaculture*). L'édition 2020 est disponible sur http://www.fao.org/state-of-fisheries-aquaculture.

18. L'Aquaculture Stewardship Council (ASC) gère un programme de certification et d'étiquetage pour l'aquaculture responsable. Vous pouvez chercher son label vert sur des produits tels que le saumon et les crustacés d'élevage. Voir https://www.asc-aqua.org/.

19. La technologie avec captage et stockage du carbone (BECCS) fait actuellement l'objet de recherches. Cette méthode permettrait de prélever du carbone dans l'atmosphère en produisant de la chaleur ou de l'électricité. Si elle s'avère une option modulable, elle pourrait contribuer à réduire la pression des cultures bioénergétiques, qui disputent l'espace aux productions alimentaires ou aux habitats naturels. L'avantage d'utiliser le kelp comme culture bioénergétique, c'est qu'une forêt de kelp reconstituée est un milieu riche en biodiversité qui grandit si rapidement qu'il peut supporter sans peine des prélèvements réguliers mais bien pensés.

20. Pour une évocation saisissante de la façon dont l'humanité utilise les terres, on peut consulter la présentation proposée par Our World in Data, un site consacré aux recherches et aux données scientifiques : https://ourworldindata.org/land-use.

21. Le rapport *Changement climatique et terres émergées* du GIEC (révisé en 2020) contient des observations passionnantes sur la façon dont l'utilisation des terres impacte le climat : https://www.ipcc.ch/srccl/chapter/summary-for-policymakers/.

22. Nous avons encore beaucoup à apprendre sur le fonctionnement du sol. Les micro-organismes et les invertébrés vivant dans des sols en bonne santé ont des interactions multiples et complexes entre eux et avec la vie végétale au-dessus d'eux. On découvre qu'une riche biodiversité dans le sol est d'une importance fondamentale pour la fixation des nutriments essentiels, la condition du sol, la croissance des plantes et le captage et stockage du carbone

sur la terre ferme. Voir Hirsch, P.R. (2018), « Soil microorganisms : role in soil health », in Reicosky, D. (éd.), *Managing Soil Health for Sustainable Agriculture*, volume I : « Fundamentals », Burleigh Dodds, Cambridge, Royaume-Uni, p.169-196. Pour ceux qui cherchent une bonne vue d'ensemble du système de production alimentaire et des changements qu'il faut lui apporter, le rapport suivant de la Food and Land Use Coalition « montre comment le système alimentaire et l'utilisation des terres pourraient contribuer d'ici 2030 à maîtriser le changement climatique, préserver la diversité biologique, assurer un régime alimentaire plus sain à tous les humains, améliorer radicalement la sécurité alimentaire et créer une économie rurale plus solidaire » : FOLU (2019), *Growing better : Ten Critical Transitions to Transform Food and Land Use*, disponible sur https://www.foodandlandusecoalition.org/wp-content/uploads/2019/09/FOLU-GrowingBetter-GlobalReport.pdf.

23. L'université de Wageningue, aux Pays-Bas, est un important centre de recherche étudiant des approches *high-tech* pour améliorer la durabilité de l'agriculture et est à l'origine d'un grand nombre des techniques testées dans certaines de ces fermes hollandaises. Voir https://weblog.wur.eu/spotlight/.

24. Voici deux sources majeures sur l'agriculture régénératrice : Regeneration International (https://regenerationinternational.org) et Burgess, P.J. Harris, J., Graves, A.R., Deeks. L.K. (2019), *Regenerative Agriculture : Identifying the Impact ; Enabling the potential*, Report for SYSTEMIQ, 17 mai 2019, Cranfield University, Bedfordshire, Royaume-Uni, https://www.foodandlandusecoalition.org/wp-content/uploads/2019/09/Regenerative-Agriculture-final.pdf.

25. Pour une présentation de la proportion des terres du globe dont nous aurions besoin pour nourrir la population mondiale avec le régime alimentaire moyen d'un pays donné, voir https://ourworldindata.org/agricultural-land-by-global-diets. On peut trouver des données sur la consommation de viande dans le monde sur https://ourworldindata.org/meat-produc tion#which-country-eat-the-most-meat.

26. Les rapports majeurs publiés récemment ont été *The Planetary Health Diet and You*, par la commission EAT-Lancet (2019), voir https://eatforum.org/

eat-lancet-commission/the-planetary-health-diet-and-you/, et *Sustainable Diets and Biodiversity*, une publication de la FAO, voir https://www.fao.org/3/a-i3004e.pdf.

27. Cette évaluation provient d'un texte récent du Programme on the Future of Food de l'université d'Oxford ; voir Springmann, M. *et al.* (2016), *Analysis and valuation of the health and climate change cobenefits of dietary change*, https://www.pnas.org/content/early/2016/03/16/1523119113.

28. Les sources originales sont citées sur https://www.theguardian.com/business/2018/nov/01/third-of-britons-have-stopped-or-reduced-meat-eating-vegan-vegetarian-report et https://www.food navigator-usa.com/Article/2018/06/20/Innovative-plant-based-food-options-outperform-traditional-staples-Nielsen-finds. Une récente étude a montré que le nombre d'Anglais réduisant leur consommation de viande avait grimpé de 28 % à 39 % en 2019 ; voir https://www.mintel.com/press-centre/food-and-drink/plant-based-push-uk-sales-of-meat-free-ffods-shoot-up-40-between-2014-19.

29. Pour un examen approfondi de la rapidité et de l'importance du changement que la révolution dans la production alimentaire pourrait apporter au secteur agricole, voir https://www.rethinkx.com/food-and-agriculture-executive-summary. L'étude de la FAO (2012) envisageant l'agriculture mondiale vers 2030/2050 est une excellente analyse détaillée ; voir http://www.fao.org/3/a-ap106e.pdf.

30. La superficie de terres agricoles dont chaque être humain a besoin pour se nourrir avec une alimentation à base de plantes est en passe de décroître rapidement du fait de l'amélioration des rendements de l'agriculture moderne. Pour voir des données sur cette tendance et une série de prévisions sur la superficie de terres agricoles dont on aura besoin dans l'avenir, sur la base de données de la FAO, voir https://ourworldindata.org/land-use#peak-farmland.

31. On trouvera des informations supplémentaires sur le programme REDD+ des Nations unies sur https://www.un-redd.org/.

32. Le Forestry Stewardship Council (FSC) est une organisation internationale à but non lucratif ayant pour mission de promouvoir une gestion des forêts du monde respectueuse de l'environnement, socialement bénéfique et

économiquement viable. Elle gère un système de certification des forêts mondiales. Son label vert est un indicateur établissant qu'un produit en bois provient de forêts où s'applique une gestion durable et équitable. Voir https://www.fsc.org.

33. La réserve forestière de Deramakot, au Sabah, dans le nord de Bornéo, certifiée durable par le Forestry Stewardship Council depuis 1997, soit depuis plus longtemps qu'aucune autre forêt, constitue un bon exemple de gestion durable d'une forêt tropicale. L'exploitation du bois est soigneusement maîtrisée de façon à préserver la biodiversité. Du reste, des études ont montré que la réserve possède une biodiversité très semblable à celles des forêts intactes d'autres régions du Sabah. On trouvera une évocation intéressante et un court-métrage à propos de Deramakot sur https://www.weforum.org/agenda/2019/09/jungle-gardener-borneo-logging-sustainably-wwf/.

34. Au Royaume-Uni, par exemple, le gouvernement envisage d'accorder des subventions aux fermiers sur la base du « bien public » de leur exploitation agricole, qui inclut les niveaux de biodiversité et de captage du carbone, au lieu de les accorder simplement pour la continuation de l'actuel mode de culture. Certains estiment que cette politique ne va pas assez loin, mais une récente étude du Wildlife and Countryside Link a montré que la communauté paysanne, au moins en Angleterre, soutient la transition.

35. L'histoire du réensauvagement de la ferme de Charlie et Isabella dans le Sussex est merveilleusement racontée dans le livre d'Isabella Tree, *Wilding* (2008). C'est un récit révélateur à la fois des enjeux de notre approche moderne de l'agriculture et de l'aptitude stupéfiante de la nature à se remettre dès qu'on lui en donne la possibilité. Il démontre également combien un écosystème varié nous rend de grands services environnementaux. La ferme est aujourd'hui nettement plus à même de capter le carbone, d'où une meilleure santé des sols et une atténuation des inondations.

36. Des projets de réensauvagement prennent forme dans le monde entier et on les adopte de plus en plus comme une approche permettant de restaurer la biodiversité et

les processus naturels à l'échelle d'un habitat. Citons entre autres : le projet Ennerdale, un programme de culture associée au cœur du Lake District, l'un des sites les plus appréciés d'Angleterre ; l'American Prairie Reserve Initiative, aux États-Unis, visant à relier et régénérer des espaces de prairie indigène ; et des projets dans toute l'Europe, avec le soutien de Rewilding Europe, notamment la reconstruction écologique du delta du Danube. Pour plus d'informations, voir http://www.wildennerdale.co.uk/, https://rewildingeurope.zcom/space-for-wild-nature/ et https://rewildingeurope.com/areas/danube-delta/.

37. Pour le compte rendu du parc national de Yellowstone lui-même sur le retour des loups et son effet sur la biodiversité, voir https://www.nps.gov/yell/learn/nature/wolf-restoration.htm.

38. Ce rapport important concernant l'influence potentielle du reboisement sur l'atténuation du changement climatique est l'œuvre de la FAO et du laboratoire de Thomas Crowther. Même si la plantation d'arbres ne devrait pas être considérée comme une alternative à la réduction de l'emploi des combustibles fossiles, le rapport estimait qu'il existait 1,7 milliards d'hectares de terrain non boisé sur lesquels on pourrait encourager la plantation de 1,2 sapins indigènes. Voir https://science.sciencemag.org/content/365/6448/76.

39. La Division de la population des Nations unies fait autorité sur les données démographiques mondiales. En 2019, elle a publié ses dernières prévisions sur la population mondiale, comprenant plusieurs projections d'ici 2100 selon différentes hypothèses ; voir https://population.un.org/wpp/. Pour une présentation plus aisée à assimiler, voir https://ourworldindata.org/future-population-growth.

40. Pour une explication plus précise du Jour du dépassement et la façon dont il est calculé, voir https://www.overshootday.org.

41. Our World in Data est une grande ressource dans plusieurs domaines, notamment les données démographiques. Il comporte des exposés sur la croissance de la population mondiale, les prévisions démographiques pour l'avenir, le taux de fécondité, l'espérance de vie et bien

d'autres aspects de la démographie. Voir, par exemple, https://ourworldindata.org/world-population-growth.

42. Hans Rosling était un excellent communicant sur les sciences sociales. Son œuvre reste vivante à travers la Gapminder Foundation ; voir https://www.gapminder.org/, qui comprend une foule d'outils interactifs et de vidéos sur la démographie et les réalités de la pauvreté.

43. Pour un exposé comparant la politique chinoise de l'enfant unique et la chute du taux de fécondité à Taïwan, voir https://ourworldindata.org/fertility-rate#coercive-policy-interventions.

44. Les sites UN Women (https://www.unwomen.org/en) et UN Population Fund (https://www.unfpa.org/) donnent tous deux des commentaires judicieux sur un grand nombre de ces problèmes.

45. On trouvera une description détaillée de la méthodologie de l'étude du Wittgenstein Centre sur https://iiasa.ac.at/web/home/research/researchPrograms/WorldPopulation/Projections_2014.html.

46. La fondation Ellen MacArthur a pour ambition de susciter des débats et des actions visant à instaurer concrètement une économie circulaire. Son site web est une importante source d'informations et d'idées sur ce thème ; voir https://www.ellenmacarthurfoundation.org. En outre, le livre de Kate Raworth, *La Théorie du Donut* constitue un aperçu inspirant sur la façon dont un tel système pourrait être mis sur pied.

47. Le rapport 2019 de la FAO *The State of Food and Agriculture* (*La Situation mondiale de l'alimentation et de l'agriculture*) comprenait une étude approfondie sur le gaspillage alimentaire dans le monde aujourd'hui et un panorama des moyens de le réduire ; voir http://www.fao.org/state-of-food-agriculture/2019. Un nouveau rapport, WWF-WRAP (2020), *Halving Food Loss and Waste in the UE by 2030 : The Major Steps Needed to Accelerate Progress*, donne des conseils concrets sur la façon de réduire le gaspillage et est disponible sur https://www.wwf.eu/?uNewsID=364584.

48. L'accord de Kigali, signé en 2016 par 170 nations réunies autour du Protocole de Montréal, oblige les gouvernements à gérer et traiter correctement les

hydrofluorocarbures en fin de vie. Le projet Drawdown place cette décision à la première place des 80 solutions pour le climat qu'il énumère. Il estime qu'on empêcherait ainsi près de 90 gigatonnes d'équivalents de dioxyde de carbone d'entrer dans l'atmosphère.

GLOSSAIRE

Acidification des océans : la diminution en cours du pH de l'océan du fait de l'absorption de dioxyde de carbone par l'atmosphère. L'eau de mer étant légèrement alcaline, l'acidification de l'océan désigne à l'origine un passage à des conditions neutres. Comme l'acidification progresse, elle nuit gravement à la vie dans les milieux marins. Les précédentes apparitions de ce phénomène dans l'histoire du globe ont été accompagnées par une extinction massive et par une baisse durable de l'efficacité du système Terre.

Agriculture régénératrice : une approche de l'agriculture axée sur la conservation et la réhabilitation, principalement en favorisant la santé naturelle des sols. Elle réagit contre l'agriculture industrielle, qui finit toujours par nuire au bon état des sols et exige ainsi l'addition d'engrais et de pesticides. Les techniques agricoles régénératrices permettent d'accroître la richesse du sol en éléments organiques, sa capacité de captage et stockage du carbone et sa biodiversité.

Agriculture urbaine : la production d'aliments et autres produits agricoles dans les zones urbaines et leurs environs. L'agriculture urbaine est souvent remarquablement durable, car elle utilise des terres déjà occupées par les humains, réduit les transports et recourt à des méthodes comme l'hydroponie et aux énergies renouvelables pour produire de la nourriture.

Agriculture verticale : la production d'aliments par couches s'étageant verticalement, souvent en environnement contrôlé et avec le recours à l'hydroponie ou à l'aquaponie. Cette approche se révèle très durable pour cultiver certains types de plantes, car elle donne plus de nourriture avec moins de terres et peut fonctionner sans engrais ni pesticides.

Aires Marines Protégées (AMP) : zones protégées de la mer ou de l'océan, où l'activité humaine est soumise à des restrictions visant notamment à limiter les pratiques, les saisons ou les prises autorisées pour la pêche. Il existe aussi des zones sans pêche, où elle est entièrement interdite. Actuellement, on compte 17 000 AMP dans le monde, représentant un peu plus de 7 % de la surface des océans.

Anthropocène : appellation proposée par certains pour un âge – ou plus exactement une époque – géologique, qui correspondrait à la période où l'activité humaine a exercé une influence prépondérante sur le climat et l'environnement. On continue de débattre pour dater le début de l'Anthropocène, mais beaucoup proposent les années 1950, ce qui coïnciderait avec la présence dans les roches futures d'une grande quantité de plastique et d'isotopes radioactifs dus aux essais nucléaires.

Aquaculture : la reproduction, l'élevage et la récolte de poissons, crustacés, algues et autres organismes dans un milieu aquatique. On distingue deux catégories principales, suivant qu'elle se pratique en eau douce ou dans la mer.

Biodiversité (diversité biologique) : un terme tentant de résumer toute la variété de la vie en ce monde. Elle est déterminée par le nombre des espèces, la totalité des différentes sortes d'animaux, plantes, champignons ou même micro-organismes tels que les bactéries, et par l'abondance caractérisant chacune de ces espèces. En termes plus abstraits, la biodiversité de la planète englobe non seulement des millions d'espèces et des milliards d'individus, mais aussi la multitude de caractéristiques différentes que possèdent ces individus. Plus la biodiversité est riche, plus la biosphère est capable d'affronter les changements, de maintenir un équilibre et de soutenir la vie.

Biochar : sorte de charbon produit à partir de matière organique, par pyrolyse dans une atmosphère pauvre en oxygène ou sans oxygène. On l'étudie actuellement comme une possible solution pour réaliser le captage et stockage du carbone. Il peut aussi servir de matériau de construction ou de biocarburant, ou enrichir les sols et les aider à retenir l'eau.

Bioénergie : énergie renouvelable fournie par des matériaux tirés du monde vivant. Parmi les combustibles permettant de produire de la bioénergie, on peut citer le bois et des cultures à croissance rapide telles que le maïs, le soja, le miscanthus et la canne à sucre. On peut brûler de la biomasse pour générer de l'électricité, ou la convertir en biocarburant pour les transports.

***Blockchain* (chaîne de blocs) :** un registre numérique pouvant enregistrer des transactions entre partenaires en toute sécurité, en les stockant sur plusieurs ordinateurs à travers un réseau pair à pair, ce qui assure son efficacité tout en réduisant les possibilités d'erreur et d'altération. Il a été conçu à l'origine pour permettre à des cryptomonnaies, tel le *bitcoin*, de fonctionner efficacement. Mais cette technologie peut aussi être utilisée pour le traçage de chaînes d'approvisionnement, en vérifiant par exemple si un produit comme du bois ou du thon provient d'une source durable.

Budget carbone : le montant cumulé d'émissions de CO_2 représentant la limite pour maintenir à un certain niveau la température globale de la surface terrestre. Tout retard dans la baisse des émissions entraîne l'épuisement accéléré du budget carbone et augmente les risques d'aggravation du réchauffement climatique.

Capacité porteuse : le maximum démographique qu'une espèce biologique ne doit pas dépasser pour pouvoir être entretenue par un milieu spécifique étant donné l'habitat, la nourriture, l'eau et les autres ressources disponibles.

Captage et stockage du carbone (en anglais : CCS) : procédé de captage du CO_2, d'ordinaire à partir d'une source d'émission importante telle qu'une usine ou une centrale électrique, en le transportant dans un site de stockage souterrain permanent afin qu'il ne pénètre pas dans l'atmosphère. Le CCS opéré sur un site industriel peut réduire les émissions de CO_2 jusqu'à 90 %, mais il est coûteux et énergivore. Combiné avec la génération de bioénergie (en anglais : BECCS) ou le captage direct dans l'air (en anglais : DACCS), le CCS pourrait théoriquement retirer de l'atmosphère du dioxyde de carbone, engendrant ainsi ce qu'on appelle des « émissions négatives ».

Cascade trophique : phénomène affectant un écosystème où un « niveau trophique » de la chaîne alimentaire subit un changement, lequel entraîne des répercussions aux autres niveaux de la chaîne. Au cours de l'histoire, nous avons provoqué des cascades trophiques en éliminant des grands prédateurs, ce qui a totalement transformé certains écosystèmes et donc le paysage marin ou terrestre où ils se trouvaient. Par exemple, la disparition des loups provoque une augmentation du nombre de cervidés, ce qui empêche la reforestation naturelle. En réintroduisant des prédateurs dans le cadre du réensauvagement, nous pouvons créer des cascades trophiques capables de rétablir la biodiversité naturelle, comme le prouve le retour du loup dans le parc national de Yellowstone.

Chasseurs-cueilleurs : se dit des membres d'une société humaine trouvant ses ressources alimentaires dans la nature sauvage. Une telle culture a caractérisé l'humanité pendant 90 % de son histoire, jusqu'à l'invention de l'agriculture au début de l'Holocène.

Compensation carbone : une réduction des émissions de gaz à effet de serre visant à compenser ou neutraliser des émissions se produisant ailleurs et qu'on ne peut empêcher. Le mécanisme de compensation consiste dans l'achat d'unités ou de crédits carbone mesurés en tonnes de CO_2 équivalentes. Des gouvernements ou de grandes entreprises peuvent choisir ce système pour respecter leurs engagements, s'il s'avère moins coûteux que d'opérer une réduction sur place des émissions. Collectivités et individus peuvent acheter des crédits carbone dans un marché volontaire, afin de compenser les émissions dues à leurs activités. Dans le cas du transport aérien, par exemple, il s'agira souvent de financer ainsi le développement des énergies renouvelables, de la bioénergie ou de la reforestation. Ce mécanisme de compensation devrait s'inscrire dans une stratégie plus large de réduction des émissions et ne saurait constituer une vraie solution à long terme.

Croissance perpétuelle : le présupposé implicite de notre actuel modèle économique, d'après lequel le produit intérieur brut va continuer de s'accroître indéfiniment d'année en année. En réalité, beaucoup d'économies développées ont un taux annuel de croissance du PIB très faible, entre 0 et 2 %, mais bien sûr, c'est encore de la croissance.

Croissance verte : un modèle de croissance économique fondé sur une gestion durable des ressources. Ce concept constitue une alternative au modèle traditionnel de croissance économique, qui généralement ne tient aucun compte de l'impact environnemental.

Culture : pour un biologiste, ce terme désigne un ensemble de comportements, d'habitudes et d'aptitudes que des animaux se transmettent par des moyens non génétiques – l'imitation, le plus souvent. En ce sens, la culture constitue une forme de transmission parallèle à celle de l'hérédité biologique (génétique), et elle évolue selon des lois spécifiques au cours du temps. Seules quelques espèces manifestent des traits culturels. Citons par exemple les chimpanzés, les macaques et les grands dauphins. Quant à l'humanité, l'évolution culturelle est aujourd'hui la forme dominante de son évolution.

Dépérissement forestier : phénomène où un massif forestier s'affaiblit au point de mourir. Deux des principaux points de basculement annoncés pour ce siècle du fait de la déforestation ininterrompue et du changement climatique sont constitués par des dépérissements forestiers, l'un en

Amazonie, l'autre dans la forêt boréale du Canada et de la Russie.

Domestication : le processus où l'être humain influe de façon déterminante sur la reproduction et l'entretien d'une autre espèce. Parmi les végétaux domestiqués, citons le blé, la pomme de terre et la banane. Parmi les animaux, les bovidés, les ovins et les porcs. La domestication est le fondement de toute agriculture.

Durable (durabilité) : littéralement, la capacité à durer indéfiniment. Dans le contexte de ce livre, il s'agit de la capacité pour l'humanité et la biosphère à coexister de façon permanente. Pour être durable, l'humanité doit parvenir à vivre sur notre planète en respectant les limites planétaires.

Écologie : une branche de la biologie qui étudie les interactions et les relations entre les organismes et entre les organismes et leur environnement.

Économie circulaire (économie cyclique) : un système économique visant à éliminer les déchets et à pérenniser l'usage des ressources. L'économie circulaire a pour outils la mutualisation, la réutilisation, la réparation, la réhabilitation, le reconditionnement et le recyclage, qui permettent de créer un système fonctionnant en circuit fermé. Tout déchet devient la matière première du processus suivant, ce qui contraste avec l'économie linéaire traditionnelle, où le modèle de production se résume à « extraire, fabriquer, consommer, jeter ».

Empreinte écologique : un mode d'évaluation de l'impact humain sur l'environnement. Il mesure essentiellement la quantité de nature nécessaire pour entretenir une population ou une économie et pour assumer notre pollution (notamment les gaz à effets de serre). L'empreinte écologique s'exprime en une unité de surface, l'hectare global (hag). À l'heure actuelle, nous avons besoin de plus d'hectares globaux qu'il n'en existe sur la terre, ce qui provoque le « Grand Déclin ».

Énergies renouvelables : énergies dont la source se renouvelle naturellement à l'échelle du temps humain : énergies solaire, éolienne, marémotrice, hydraulique, géothermique, bioénergie, énergie des vagues. Ces énergies rejettent en général peu ou pas du tout de CO_2 et peuvent se substituer aux combustibles fossiles.

Extinction massive : un déclin rapide et généralisé de la biodiversité sur la terre. D'après la plupart des spécialistes, des extinctions massives se sont produites à cinq reprises dans l'histoire de la vie, y compris celle qui mit fin au règne des dinosaures.

Ferme sauvage (*wildland farm*) : une forme d'agriculture inspirée par le réensauvagement, où une communauté de divers animaux d'élevage reproduisant la communauté naturelle autrefois présente sur place est autorisée à circuler librement dans une ferme, sans apport de nourriture. Le nombre d'animaux est limité conformément à la capacité porteuse de l'exploitation. Ils provoquent une cascade trophique, qui augmente la biodiversité des terres concernées.

Foresterie marine : une proposition de solution fondée sur la nature pour le changement climatique, consistant à cultiver des forêts d'algues. En grandissant, les algues constituent un système de captage et stockage du carbone. Elles peuvent servir à la production de bioénergie et d'aliments, ou à absorber en permanence le CO_2 de l'atmosphère.

Gaz à effet de serre (GES) : gaz qui altèrent le rayonnement solaire et provoquent l'effet de serre, lequel crée une « couverture » augmentant la température ambiante de la Terre. Les principaux gaz à effet de serre dans l'atmosphère terrestre sont la vapeur d'eau, le dioxyde de carbone, le méthane, le protoxyde d'azote et l'ozone troposphérique. Les activités humaines ont amené une augmentation de la concentration de certains GES dans l'atmosphère, tels le dioxyde de carbone, le méthane et le protoxyde d'azote, qui piègent plus de chaleur et causent un changement climatique.

Géo-ingénierie (ingénierie climatique) : l'étude et l'application de formes d'intervention délibérée à grande échelle sur le système Terre, afin de modérer et réduire le changement climatique. Certaines méthodes visent à accroître la capacité de la Terre à éliminer les gaz à effet de serre de l'environnement, par exemple en fertilisant l'océan avec du fer pour augmenter la productivité du phytoplancton et favoriser l'absorption du dioxyde de carbone dans les eaux de surface. Parmi les autres méthodes, citons le contrôle du rayonnement solaire, notamment par l'injection d'aérosols dans la stratosphère dans l'espoir de réfléchir plus de lumière solaire dans l'espace et ainsi de réduire le réchauffement mondial. La géo-ingénierie est souvent critiquée, car elle n'a jamais été testée et pourrait se révéler extrêmement nocive pour l'environnement et pour nous-mêmes.

Grande Accélération : l'augmentation spectaculaire et simultanée des taux de croissance d'un grand nombre d'activités humaines, qui a commencé au milieu du XXe siècle et se poursuit de nos jours. L'exploitation des ressources et la production de polluants pendant la période de la Grande Accélération constituent la cause directe d'une bonne part de la dégradation environnementale que nous constatons aujourd'hui.

Grand Déclin : le déclin spectaculaire et simultané d'un grand nombre de critères environnementaux à travers le monde, notamment la biodiversité et la stabilité climatique, depuis la seconde moitié du XXe siècle jusqu'à notre époque. On s'attend à ce que ce déclin s'accélère en ce siècle, où devraient se succéder une série de points de basculement entraînant une déstabilisation radicale du système Terre.

Holocène : une époque géologique qui a commencé voilà environ 11 700 ans après la dernière période glaciaire. Cette période de l'histoire a été remarquablement stable et coïncide avec une croissance rapide de l'humanité à la suite de l'invention de l'agriculture.

Hydroponie : méthode de culture hors-sol recourant à une solution nutritive dissoute dans de l'eau. Elle présente divers avantages, au premier rang desquels une consommation très réduite d'eau pour cultiver les plantes.

Limites planétaires : concept développé par Johan Rockström et Will Steffen, deux spécialistes du système Terre, afin de définir un espace de fonctionnement sécurisé pour l'humanité. L'équipe s'est servie de données provenant de sources multiples pour déterminer neuf facteurs qui influent sur la stabilité du système Terre. En calculant l'impact actuel des activités humaines sur ces facteurs, ils ont établi des seuils à ne pas franchir sous peine de provoquer des changements potentiellement désastreux. Les neuf facteurs sont : l'érosion de la biodiversité, le changement climatique, la pollution chimique, la dégradation de la couche d'ozone, l'augmentation des aérosols dans l'atmosphère (pollution atmosphérique), l'acidification des océans, l'usage de l'azote et du phosphore (usage d'engrais), la consommation d'eau, les changements d'utilisation des sols (les espaces sauvages étant transformés en champs ou en plantations). Sur ces neuf facteurs, l'équipe en a identifié deux – le changement climatique et l'érosion de la biodiversité – qu'ils considèrent comme les « limites fondamentales », car elles sont toutes deux affectées par les autres limites et pourraient à elles seules, si elles étaient franchies, provoquer la déstabilisation de la planète. Ils indiquent que l'humanité a franchi actuellement quatre limites : le changement climatique, l'érosion de la biodiversité, le changement d'utilisation des sols et l'usage de l'azote et du phosphore. Ils estiment donc que le système Terre se trouve déjà dans un état instable.

Micro-réseau (*microgrid*) : un micro-réseau est un réseau électrique localisé groupant plusieurs installations, qui peut fonctionner en lien ou non avec un réseau régional. Comme les installations collaborent pour fournir l'électricité, elles répondent plus aisément aux hausses soudaines de la demande que des générateurs isolés. Ces réseaux deviennent plus courants, maintenant que la production décentralisée utilisant des énergies renouvelables devient plus abordable.

Modèle du Donut : une réinterprétation des limites planétaires élaborée par l'économiste oxonienne Kate Raworth, qui ajoute au « plafond écologique » existant un fondement social constitué par les besoins fondamentaux de l'individu, en définissant ainsi un espace de sécurité et de justice pour l'humanité. L'idée est que nous devons rester sous le plafond écologique, mais qu'il ne faut pas que ce soit au détriment du bien-être des populations. Ce modèle constitue ainsi un cadre pour un développement durable.

Pergélisol : sol gelé en permanence, souvent sous la surface. Les plus grandes étendues de pergélisol se trouvent dans la toundra et les régions arctiques de la Russie, du Canada, de l'Alaska et du Groenland. Comme la terre se réchauffe, on prévoit que le pergélisol va fondre, en rejetant dans l'atmosphère du méthane, un puissant gaz à effet de serre, ce qui provoquera une réaction en chaîne où le dégel se poursuivra et atteindra un point de basculement, d'où un emballement du réchauffement mondial.

Phase de latence : phase initiale d'une courbe de croissance où la croissance nette est limitée par un ou plusieurs facteurs.

Phase exponentielle : phase d'une courbe de croissance caractérisée par une croissance exponentielle.

Phytoplancton : l'ensemble des organismes végétaux de la communauté microscopique mais immense du plancton, qui vit dans les eaux de surface de l'océan. Le phytoplancton constitue la base d'un grand nombre de chaînes alimentaires.

Pic démographique mondial : le point à partir duquel la population humaine cessera d'augmenter. La Division de la population des Nations unies prévoit actuellement qu'il sera atteint au début du XXIIe siècle, où la population du globe sera d'environ 11 milliards. Toutefois, en éradiquant la pauvreté et en émancipant les femmes, on estime que nous pourrions atteindre ce pic dès 2060, avec une population mondiale de « seulement » 8,9 milliards.

Pic d'enfants : le point à partir duquel le nombre d'enfants (définis comme les humains de moins de quinze ans) cesse globalement d'augmenter. L'ONU prévoit actuellement qu'il sera atteint vers le milieu de ce siècle.

Pic de prises : le point à partir duquel la quantité de poissons pêchés cesse d'augmenter. Nous avons atteint le pic de prises au milieu des années 1990. Depuis lors, la pêche mondiale a connu une baisse légère.

Pic de terres agricoles : le point à partir duquel la superficie des terres agricoles cesse d'augmenter. La FAO prévoit qu'il sera atteint vers 2040.

Pic pétrolier : le point à partir duquel la production mondiale de pétrole atteindra son maximum, après quoi l'extraction pétrolière commencera à décliner.

Point de basculement : un seuil pouvant mener, s'il est franchi, à un changement du système Terre aussi brutal que considérable, tendant souvent à s'amplifier lui-même et potentiellement irréversible.

Produit intérieur brut (PIB) : indicateur de productivité intégrant la valeur de tous les biens et services produits par un pays ou un secteur pendant une période donnée. S'il peut servir à mesurer la productivité d'un pays, le PIB fait l'objet de nombreuses critiques car il ne prend pas en compte l'égalité, le bien-être ou l'impact environnemental. Simon Kuznets, le théoricien du PIB, avait averti qu'il ne devait pas servir à mesurer le bien-être d'une nation.

Protéines alternatives : un terme général recouvrant diverses alternatives aux protéines animales. Elles sont à base de plantes ou recourent à la technologie alimentaire. Citons par exemple les protéines dérivées de céréales, de légumes, de noix, de graines, d'algues, d'insectes ou de micro-organismes, ainsi que la viande propre. Comme ces protéines n'exigent pas d'élevage ou de pêche à grande échelle, on espère que leur production aura une empreinte écologique beaucoup plus réduite. En outre, elles poseront moins de problèmes pour le bien-être animal.

REDD+ : un projet de l'ONU, dont le libellé officiel est : « réduction des émissions liées à la déforestation et à la dégradation des forêts dans les pays en développement et rôle de la conservation, de la gestion durable des forêts et du renforcement des stocks de carbone forestier dans les pays en développement ». Ce projet tente d'attribuer une valeur financière au carbone stocké dans les forêts subsistantes, afin d'inciter à la préservation de ces milieux naturels et de réduire la déforestation et la dégradation des forêts dans les pays en voie de développement.

Réensauvagement (*rewilding*) : processus de restauration et d'expansion des espaces, communautés et systèmes riches en biodiversité. Le réensauvagement doit souvent s'opérer à grande échelle, avec pour objectif de relancer des processus naturels et de réintroduire à bon escient des espèces disparues. Dans ce cas, on peut recourir à des espèces de substitution qui joueront le même rôle que les espèces disparues dans la communauté en phase de rétablissement. Dans ce livre, le mot « réensauvagement » est pris dans son sens le plus large, à savoir l'ambition de rendre sa place à la nature à travers le monde, en faisant en sorte que l'humanité entière adopte un mode de vie plus durable afin de mettre fin au déclin de la biodiversité.

Reforestation : le retour naturel ou programmé de forêts et autres milieux boisés indigènes. La reforestation peut constituer un terme générique ou s'appliquer plus spécifiquement aux zones récemment victimes de la déforestation. Dans ce cas, on emploiera le terme d'afforestation pour les zones restées sans forêts pendant un certain temps, comme les terres agricoles traditionnelles ou les villes. La reforestation constitue une solution fondée sur la nature potentielle pour le changement climatique, car elle peut avoir un effet important de captage et stockage du carbone.

Régime alimentaire à base de plantes : un régime alimentaire majoritairement ou entièrement végétalien, où les produits d'origine animale sont rares ou inexistants. Un tel régime est plus durable que les modes d'alimentation contemporains à forte composante carnée, car il exige en moyenne moins de terres agricoles, d'énergie et d'eau, ce qui réduit les émissions de gaz à effet de serre.

Réserve : ce terme désigne simplement une zone visant à protéger l'habitat naturel mais, dans le contexte de ce livre, il fait référence à une zone protégée gérée par la communauté locale de façon durable et économiquement viable.

Révolution durable : une révolution industrielle annoncée, dont le moteur est une vague d'innovations centrées sur le développement durable. Elle se caractérisera par les énergies renouvelables, des transports à impact réduit, une économie circulaire sans déchets, le captage et stockage du carbone, les solutions fondées sur la nature, les protéines alternatives, la viande propre, l'agriculture régénératrice, l'agriculture verticale, etc. C'est une opportunité prometteuse pour une *croissance verte* et un avenir ambitieux.

Solutions fondées sur la nature : le recours à la nature pour résoudre des problèmes sociaux et environnementaux, notamment le changement climatique, la qualité de l'air et de l'eau, la pollution et les risques de catastrophes. Parmi les mesures possibles, citons : planter des mangroves pour lutter contre l'érosion du littoral, créer des AMP pour augmenter les prises des pêcheurs, végétaliser les villes pour réduire la température de l'air, établir des zones humides pour empêcher les inondations, procéder à la reforestation pour favoriser naturellement le captage et stockage du carbone. Les solutions fondées sur la nature sont souvent relativement économiques et présentent le grand avantage d'accroître la biodiversité.

Spill-over **:** phénomène d'amélioration dans la biodiversité, où une zone tire profit de la biodiversité des zones voisines. Cet effet de *spill-over* (littéralement : effet de débordement) se rencontre notamment dans les eaux entourant les AMP. Une fois que les stocks de poissons se sont reconstitués dans la zone protégée, ils « débordent » sur les zones voisines, où la pêche devient d'autant plus fructueuse.

Surpêche : le prélèvement d'une espèce de poisson dans une zone donnée à un rythme tel qu'elle ne peut se reconstituer, ce qui entraîne un sous-peuplement de l'espèce dans cette zone. En 2020, la FAO a indiqué qu'un tiers des stocks de poissons mondiaux font l'objet d'une surpêche.

Sylvopastoralisme : le sylvopastoralisme, qui compte parmi les techniques de l'agriculture régénératrice, consiste à élever des animaux domestiques avec des arbres ou dans un milieu boisé ou forestier. Il peut améliorer de façon significative la santé et le rendement des animaux, car ils sont abrités par les arbres et peuvent aussi bien pâturer que brouter.

Syndrome de la référence changeante (*shifting baseline syndrome*) : la tendance à changer la conception de ce qui est « normal » ou « naturel » au gré des expériences des générations se succédant dans le temps. Dans ce livre, ce terme est utilisé pour décrire notre capacité à oublier, au fil des générations, le degré de biodiversité qui devrait caractériser un environnement.

Système Terre : système intégrant les aspects géologiques, chimiques, physiques et biologiques de la planète Terre. Pendant tout l'Holocène, ce système a maintenu un environnement favorable à la vie, reposant sur les interactions complémentaires de l'atmosphère (l'air), de l'hydrosphère (l'eau), de la cryosphère (la glace et le pergélisol), de la lithosphère (les roches) et de la biosphère (la vie). Le système Terre devrait continuer de fonctionner efficacement et de fournir un environnement propice tant que nous respecterons les limites planétaires.

Taxe carbone : taxe perçue sur l'utilisation des combustibles fossiles (charbon, pétrole, gaz), afin que les pollueurs paient pour la dégradation du climat due aux émissions de gaz à effet de serre inséparables de leurs activités. Elle s'est révélée une incitation efficace à la réduction des émissions dans de nombreux secteurs.

Transition démographique : phénomène à l'œuvre dans un pays passant avec le temps d'un taux de natalité et d'un taux de mortalité infantile élevés, dans le cadre d'une société peu avancée dans son développement technologique, éducatif et économique, à un taux de naissance et un taux de mortalité bas conjugués à un haut niveau de développement technologique, éducatif et économique.

Transition forestière : processus de changement d'attribution des sols dans une zone donnée en fonction du développement d'une société humaine. Au début, quand la société est moins développée, la forêt domine. Quand la société se développe et grandit, en augmentant sa production agricole, on assiste à un phénomène de déforestation. L'efficacité croissante de l'agriculture et l'installation des populations dans des zones urbaines peuvent provoquer ensuite une reforestation. Cette évolution a été observée dans plusieurs pays, et il se pourrait qu'on puisse aussi parler d'une transition forestière globale à l'échelle de la terre entière.

Viande propre (viande cultivée) : viande produite à partir de cellules animales et non au moyen de l'abattage d'animaux. C'est une forme d'agriculture cellulaire. Des études indiquent que la production de viande propre pourrait être beaucoup plus efficace et respectueuse de l'environnement que la production de viande traditionnelle, car elle ne demande que peu d'espace, d'énergie et d'eau et émet nettement moins de gaz à effet de serre au kilogramme produit. Elle pose également moins de problèmes pour le bien-être animal.

INDEX

Acidification des océans : 116, 127, 136
Afrique : 24, 28, 35, 39, 90, 156, 182-183, 195, 237
Agriculture : 28-32, 109-110, 122-123, 127, 129-130, 135, 152-153, 175-182, 185-186, 188-189, 192, 198, 200-201, 206, 212, 215, 230, 232
Aire marine protégée (AMP) : 162-163, 165
Albanie : 156
ALLAN, Doug : 85
Allemagne : 41, 109, 204
Amazonie : 123-124, 140-141, 144, 146
Amérique du Nord : 81, 90, 205
Amérique du Sud : 48, 108, 124, 156, 195
ANDERS, Bill : 47-48, 50
Angleterre : 19, 47, 59, 145, 201, 203-204
Antarctique : 100, 102, 130
Anthropocène : 235-236
Apollo 8 : 47-50, 119
Aquaculture : 106, 127, 169-170
Arctique : 100, 102-103, 124-125, 140, 162
ARDERN, Jacinda : 145
Asie : 27-28, 195
Asie du Sud-Est : 45, 80-81, 108-109
Austral (océan) : 90, 237
Australie : 45, 51, 53, 90, 95

Bangladesh : 145
BBC : 33-35, 45-47, 51, 58-59, 61, 86
BBC2 : 47, 59
BENYUS, Janine : 229
Biochar : 226
Biodiversité : 12, 24, 27, 32, 76, 79-80, 95, 122-123, 132, 136, 141, 159-161, 171-172, 174-177, 180, 190, 195-198, 200, 203-207, 210, 229, 236, 238
Bioénergie : 152-153, 159, 171
BIRD, Dicky : 66
Bolivie : 124
BORMAN, Frank : 47-50
Bornéo : 35, 76-77, 80, 82
BRAGGE, Laurie : 53-54, 57
Brésil : 108, 124
Budget carbone : 151, 153
BURRELL, Charlie : 201, 203-204

Canada : 125
Capacité porteuse : 210-211
Captage et stockage du carbone : 157, 159-161, 165, 168, 171, 180, 195-196, 200, 205-206, 225
Cascade trophique : 205
Chaînes alimentaires : 11, 109, 125, 183
Changement climatique (réchauffement mondial) : 23, 86, 97, 99, 122, 124-125, 129-130, 136, 150, 159-160, 210, 227, 232, 238
Charbon : 97-99, 149, 152-154, 156-157, 230
Chasseurs-cueilleurs : 25-32, 135-136
Chine : 168-169, 193, 217, 228
CLARK, Kenneth : 59
Combustibles fossiles : 143, 151-157, 159, 163, 187, 195, 225. *Voir aussi* Charbon, Gaz, Pétrole
Compensations carbone : 153, 160, 195
Compétition par mêlée : 117
Corée du Sud : 168
Coronavirus : 129, 145, 157
Costa Rica : 144, 206-208, 230
Couche d'ozone : 136
COUSTEAU, Jacques-Yves : 87
Crédits carbone : 156, 194
Croissance verte : 142-146
Culture : 24-26, 92, 186

Déforestation : 81, 108, 110, 123-124, 129, 142, 192-193, 196, 206, 225
Dioxyde de carbone : *voir* Gaz à effet de serre (émissions)
Donut (modèle du) : 137, 209, 211, 217

Économie circulaire : 224, 227
Économie environnementale : 142-146
Effondrement écologique mondial : 12, 98, 115-116, 125, 132
Élevage : 29-31, 108, 110, 176-177, 185-188, 197-198, 200, 203, 225
Empreinte écologique : 144-146, 209, 211, 227, 230
Énergie éolienne : 151-153, 177, 204
Énergie géothermique : 151-152, 177, 228
Énergie hydraulique : 32, 143, 151-153
Énergie nucléaire : 151-153
Énergie solaire : 144, 148-149, 151-153, 157-158, 229, 231
Énergie thermique : 143
Énergies renouvelables : 143, 151-157, 177, 188, 230
Espérance de vie : 119, 144, 216
États-Unis : 59, 145, 168, 185, 187, 193
Europe : 11, 28, 37, 45, 59, 81, 157, 185, 191-192, 198, 200-201, 205-206
Extinctions massives : 22-23, 66, 97-98, 122, 132, 150, 160, 196, 239

Fermes sauvages : 203-205
Foresterie marine : 172
Forêts : 27, 37, 53-54, 58, 76-82, 95-96, 109-110, 112, 122-126, 141, 149, 156, 191-195, 200, 204
FOSSEY, Dian : 62-64, 68, 74
France : 201

Gaspillage alimentaire : 176, 182, 223, 225
Gaz : 98, 126, 150, 152-154, 156-157
Gaz à effet de serre (émissions) : 27, 84, 86, 97, 116, 122, 124, 126, 136, 142, 149-153, 155-157, 159, 174, 186, 189-190, 226, 228
Géo-ingénierie : 159
Grand Déclin : 122, 142, 144
Grande Accélération : 116-119, 122, 126, 142, 150, 214-215
GRZIMEK, Bernhard : 39, 42-44
GRZIMEK, Michael : 41, 43

HASS, Hans : 86
HASS, Lotte : 86
HAWKEN, Paul : 152
Herbages : 27, 122, 156, 174, 185, 195-196, 198, 201
Herbiers marins : 106, 165, 169, 172
Holocène : 26-29, 32, 70, 120, 124-125, 132, 135, 174, 176, 235
Homo sapiens : 25, 73, 75, 81
Huile de palme : 80-81, 83, 109, 193-194, 196

Inde : 75, 185, 193, 218-219, 230
Indice Planète Heureuse : 144-145
Indonésie : 37, 80, 167
Industrie laitière : 185-188
Interdépendances : 12, 42, 79, 92-93
Islande : 156

Japon : 167-168, 193, 212, 214-215, 221, 230
Jour du Dépassement : 210

Kelp (forêts de) : 87, 165, 171-173
KENNEDY, John F. : 47
Kenya : 44, 185, 197

La Planète bleue (série TV) : 85-87, 94, 96, 98, 168
La Planète vivante (série TV) : 107
La Vie sur la Terre (série TV) : 61, 63, 67-73
LAGUS, Charles : 35-36
LESTER, Jack : 35
Limites planétaires (modèle des) : 120, 136-137, 210
LOVELL, Jim : 47, 49-50

Madagascar : 35
Malaisie : 80, 83
Mangrove : 27, 106, 165, 169, 172
Marais salés : 165, 172
Maroc : 157-158, 230
Masaïs : 39, 197-198, 205

Méthane : *voir* Gaz à effet de serre (émissions)
Mexique : 144, 162, 164
Micro-réseaux : 155
Moyen-Orient : 28

Neige marine : 70
Niveau de la mer (hausse du) : 130
Norvège : 145
Nouvelle-Guinée : 35, 37, 51-55, 57
Nouvelle-Zélande : 145-146, 230

Océanie : 27

Pacifique (océan) : 45, 53, 87, 103, 105-106, 166
Palaos : 166-167, 230
Paraguay : 35, 124, 156
PAYNE, Roger : 71-72
Pays-Bas : 176-179, 230
Pergélisol : 125-126
Pérou : 124
Pétrole : 98, 126, 150, 152-154, 156-157, 230
Peuples indigènes : 62, 124, 126, 194, 197
Phase de latence : 117-118
Phase exponentielle : 117-118, 140
Photosynthèse : 86, 96, 124, 148-149
Pic d'enfants : 216
Pic de prises : 168
Pic de terres agricoles : 189
Pic démographique mondial : 215-217, 220
Pic pétrolier : 157
Plancton, phytoplancton : 23, 27, 61, 70, 86, 89, 92-93, 98, 127, 148-149
Plastique : 106-107, 224, 226-227, 235
Pollinisation : 79, 109, 129, 141, 178
Pollution : 23, 107-108, 122, 136, 227
Population (évolution) : 26, 209-212, 214-217, 220-223
Produit intérieur brut (PIB) : 116, 142, 144-145, 221
Protéines alternatives : 187-189

RAWORTH, Kate : 137, 146
Réchauffement mondial : *voir* Changement climatique
Récifs coralliens, corail : 27, 61, 87, 94-99, 106, 127-128, 140
REDMOND, Ian : 64-65
Réensauvagement : 132, 159, 205, 207, 220, 223
Reforestation : 192-193
Régime alimentaire à base de plantes : 186-187, 200, 223
REMENGESAU Jr., Tommy : 166-167
« Remplacement inévitable » : 215-216, 222
Réserves naturelles : 44, 74, 82, 107, 168, 198, 205, 239
Ressources (non illimitées) : 74, 92, 118, 137, 142, 146, 161, 193, 209-211, 227

ROBERTS, Callum : 161
ROCKSTRÖM, Johan : 119-120
ROSLING, Hans : 215
Russie : 103, 125
Rwanda : 62-68

SAUNDERS, Martin : 66
SCOTT, Peter : 74
Serengeti : 39-44, 89, 183, 197
Serengeti ne doit pas mourir (documentaire TV) : 41
Sierra Leone : 35
Singapour : 228-231
SPARKS, John : 62, 65-66
STEFFEN, Will : 119-120
Sumatra : 80
Surpêche : 90, 108, 162, 168-169
Sylvopastoralisme : 200-201
Syndrome de la référence changeante : 94

Taïwan : 217
Tanzanie : 44
Taux de mortalité : 118, 211-212, 214
Taux de natalité : 118, 211-212, 214, 218
Taxe carbone : 155-156
Tchernobyl (catastrophe de) : 9-13, 112, 238
Terres de glace (série TV) : 100-101
Transition démographique : 211-212, 215-217, 221
Transition forestière : 192-193, 206
TREE, Isabella : 201, 203-204

Ukraine : 9-13, 112, 238
Union européenne (UE) : 118, 168

Viande : 29, 108-109, 144, 183, 185-189, 193, 200, 204, 223, 230
Villes vertes : 156, 227-230, 232

Yellowstone (parc national de) : 205-206

Zone de déchets : 107, 118, 224-225, 228
Zones sans pêche : 162-163, 165-168
Zoo Quest (série TV) : 34-36, 45, 52, 76

CRÉDITS PHOTOGRAPHIQUES

Cahier photographique

Page 1 : © WWF-UK / David Attenborough : *A Life On Our Planet* (Photo : © BBQ_DFY / Aurimages)
Pages 2-3 : © WWF-UK / David Attenborough : *A Life On Our Planet* (Photo : © BBQ_DFY / Aurimages)
Pages 4-5 : © Wild Wonders of Europe / Unterthiner / naturepl.com
Page 6 : © Sumio Harada / Minden / naturepl.com
Page 7 : © Netflix / David Attenborough : *A Life On Our Planet* (Photo : © BBQ_DFY / Aurimages)
Page 8 : © Bertie Gregory / naturepl.com
Page 9 : © Jordin Chias / naturepl.com
Page 10 : © Brandon Cole / naturepl.com
Page 11 : © Georgette Douwma / naturepl.com
Pages 12-13 : © Pascal Kobeh / naturepl.com
Pages 14-15 : © Jurgen Freund / naturepl.com
Page 16 : © NASA
Page 17 : © Joe Fereday / Silverback Films (Photo : © BBQ_DFY / Aurimages)
Pages 18-19 : © Geopix / Alamy
Page 20 : © Netflix / David Attenborough : *A Life On Our Planet* (Photo : © BBQ_DFY / Aurimages)
Page 21 : © Netflix / David Attenborough : *A Life On Our Planet* (Photo : © BBQ_DFY / Aurimages)
Page 22 : © Rich Carey / Shutterstock
Page 23 : © Fred Dufour / AFP / Getty
Page 24 : © Michael Pitts / naturepl.com

Page 25 : © Stonehouse Photographic / WWF_UK
Page 26 : © The Dian Fossey Gorilla Fund International
Page 27 : © BBC
Pages 28-29 : © Papa Sierra / WWF-UK / David Attenborough : *A Life On Our Planet* (Photo : © BBQ_DFY / Aurimages)
Page 30 : © Xinhua / Alamy Live News
Page 31 : © Joe Fereday / Silverback Films (Photo : © BBQ_DFY / Aurimages)
Page 32 : © Conor McDonnell / WWF-UK (Photo : © BBQ_DFY / Aurimages)

Visuels in-texte

Page 4 : © Laura Meacham
Page 16 : © Mike Birkhead
Page 18 : © Ben Carpenter / Alamy
Page 21 : © Lizzie Harper
Page 34 : © David Attenborough
Page 36 : © David Attenborough
Page 38 : © Lizzie Harper
Page 40 : © Bernhard Grzimek / OKAPIA
Page 43 : © Bernhard Grzimek / OKAPIA
Page 46 : © BBC
Page 52 : © BBC
Page 55 : © Lizzie Harper / adaptation française : Philippe Giraudon, Axel Buret
Page 60 : © Zizza Gordon / Panama Wildlife / Alamy
Page 63 : © BBC
Page 67 : © John Sparks / naturepl.com
Page 77 : © Jim Zuckerman / DanitaDelimont / Getty
Page 83 : © Rich Carey / Shutterstock
Page 85 : © Sue Flood / naturepl.com
Page 88 : © Lizzie Harper
Page 101 : © Kathryn Jeffs / naturepl.com
Page 105 : © Sophie Lanfear
Page 111 : *Une vie sur notre planète* © Joe Ferreday
Page 121 : © Meghan Spetch / adaptation française : Philippe Giraudon, Axel Buret
Page 128 : © Lizzie Harper

Page 131 : © Lizzie Harper
Page 139 : © Meghan Spetch / adaptation française : Philippe Giraudon, Axel Buret
Page 158 : © Fadel Senna / Getty
Page 164 : © Leonardo Gonzalez / Shutterstock
Page 173 : © Lizzie Harper
Page 179 : © Sergey Bezverhiy / Shutterstock
Page 184 : © Lizzie Harper
Page 199 : © Simon Blakeney
Page 202 : © Lizzie Harper
Page 208 : © Bill Gozansky / Alamy
Page 184 : © Meghan Spetch / adaptation française : Philippe Giraudon, Axel Buret
Page 219 : © Mann Deshi Foundation
Page 231 : © Zhu Difeng / Shutterstock

TABLE

Introduction
Notre plus grande erreur 7

Première partie
Mon témoignage 15

Deuxième partie
Ce qui nous attend 113

Troisième partie
Une vision pour l'avenir 133

Conclusion
Notre plus grande chance 233

Remerciements 241
Notes 243
Glossaire 261
Index 277
Crédits photographiques 283

13469

Composition
NORD COMPO

Achevé d'imprimer en Slovaquie
par NOVOPRINT SLK
le 20 mars 2022

Dépôt légal : avril 2022
EAN 9782290363232
L21EPLN003184N001

ÉDITIONS J'AI LU
87, quai Panhard-et-Levassor, 75013 Paris

Diffusion France et étranger : Flammarion